Auxiliando a humanidade a encontrar a Verdade

Do Átomo ao Arcanjo

© 2018 — Conhecimento Editorial Ltda

Do Átomo ao Arcanjo
Excerto das obras
O Evangelho à Luz do Cosmo,
O Sublime Peregrino, Mensagens do Astral,
Missão Planetária, Mensagens do Grande
Coração e Era uma Vez um Espírita
Ramatís e Akhenaton

Todos os direitos desta edição reservados à
CONHECIMENTO EDITORIAL LTDA.
Fone: 19 3451-5440
www.edconhecimento.com.br
vendas@edconhecimento.com.br

Nos termos da lei que resguarda os direitos autorais, é proibida a reprodução total ou parcial, de qualquer forma ou por qualquer meio — eletrônico ou mecânico, inclusive por processos xerográficos, de fotocópia e de gravação — sem permissão, por escrito, do editor.

Projeto Gráfico: Sérgio Carvalho
Ilustração da Capa: Banco de imagens

ISBN 978-85-7618-462-1
1ª edição - 2018

• Impresso no Brasil • Presita en Brazilo

Dados Internacionais de Catalogação na Publicação (CIP)
(Angélica Ilacqua CRB-8/7057)

Ramatís (Espírito)
    Do Átomo ao Arcanjo : a evolução da consciência / obra mediúnica ditada pelo espírito Ramatís aos médiuns Hercílio Maes, Sávio Mendonça, América Paoliello Marques e Mariléa de Castro. — Limeira, SP : Editora do Conhecimento, 2018.
    132 p.

ISBN 978-85-7618-462-1

1. Consciência 2. Evolução 3. Espiritismo I. Maes, Hercílio, 1913-1993. II. Marques, América Paoliello III. Mendonça, Sávio IV. Castro, Mariléa de

18-2042   CDD — 133.93

Índice para catálogo sistemático:
1. Espiritismo : Consciencia 133.93

Ramatís

DO ÁTOMO AO ARCANJO

Obra mediúnica ditada pelo espírito
Ramatís aos médiuns
Hercílio Maes,
América Paoliello Marques,
Sávio Mendonça e
Mariléa de Castro

Coletânea de textos retirados das obras:
O Evangelho à Luz do Cosmo
O Sublime Peregrino
Missão Planetária
Mensagens do Grande Coração
Era uma Vez um Espírita

1ª edição — 2018

Obras de Ramatís editadas pela **EDITORA DO CONHECIMENTO**

HERCÍLIO MAES
- A Vida no Planeta Marte e os Discos Voadores - 1955
- Mensagens do Astral - 1956
- A Vida Além da Sepultura - 1957
- A Sobrevivência do Espírito - 1958
- Fisiologia da Alma - 1959
- Mediunismo - 1960
- Mediunidade de Cura - 1963
- O Sublime Peregrino - 1964
- Elucidações do Além - 1964
- Semeando e Colhendo - 1965
- A Missão do Espiritismo - 1967
- Magia de Redenção - 1967
- A Vida Humana e o Espírito Imortal - 1970
- O Evangelho à Luz do Cosmo - 1974
- Sob a Luz do Espiritismo (Obra póstuma) - 1999

SÁVIO MENDONÇA
- O Vale dos Espíritas - 2015
- Missão Planetária - 2016
- A Derradeira Chamada - 2017
- O Sentido da Vida - 2019

MARIA MARGARIDA LIGUORI
- Jornada de Luz
- O Homem e o Planeta Terra
- O Despertar da Consciência
- Em Busca da Luz Interior

OBRAS COLETÂNEAS:
- Ramatís uma Proposta de Luz
- Face a Face com Ramatís
- Um Jesus que Nunca Existiu
- A Origem Oculta das Doenças
- Simplesmente Hercílio
- A Missão do Esperanto
- O Objetivo Cósmico da Umbanda
- A Origem Oculta das Doenças
- O Além - Um guia de viagem
- Do Átomo ao Arcanjo
- Marte: O Futuro da Terra
- A Geografia do Plano Astral

Coletâneas de textos organizadas por SIDNEI CARVALHO:
- A Ascensão do Espírito de A a Z
  - Aprendendo com Ramatís
- Ciência Oculta de A a Z
  - O véu de Ísis
- Evangelho de A a Z
  - A caminho da angelitude
- Jesus de Nazaré - O avatar do amor
- Mecanismos Cósmicos de A a Z
  - O amor do Pai
- Mediunidade de A a Z
  - O portal da Luz
- Saúde e Alimentação de A a Z
  - O amor pelos animais
- Transição Planetária de A a Z
  - A chegada da Luz
- Universalismo de A a Z
  - Um só rebanho

Obs: A data após o título se refere à primeira edição.

É assim que tudo serve, tudo se encadeia na natureza, do átomo até o arcanjo, que começou sendo átomo.

O Livro dos Espíritos

Sumário

Introdução	9
Evolução	13
Os Engenheiros Siderais e o Plano da Criação	47
Jesus de Nazaré e o Cristo Planetário	93
Os devas	102
Os mestres e o Mestre	108
Os elementais ou espíritos da natureza	116
Os espíritas e a Lei da Evolução	125
Citações	131

Introdução
A escada de Jacó

A doutrina hoje ensinada pelos espíritos nada tem de novo; seus fragmentos são encontrados na maior parte dos filósofos da Índia, do Egito e da Grécia, e se completam nos ensinos de Jesus Cristo.

Allan Kardec
O que é o espiritismo

Quando os Espíritos enunciaram a Kardec os conceitos sobre a criação e o percurso evolutivo único para todos os seres, fizeram da **evolução** o **fundamento** da Doutrina Espírita, assim como o é da Lei Cósmica. A espinha dorsal do funcionamento do Universo é o impulso evolutivo, com a longa sequência de estágios que conduzem a centelha criada, inconsciente, no rumo da Consciência Cósmica do Criador.

Essa revelação não constituía absoluta novidade no planeta – como a genialidade de Kardec logo constatou. As filosofias orientais, notadamente o hinduísmo, a crença egípcia e os mistérios da velha Grécia, herdeiros do Conhecimento Único que foi transmitido pelos iniciados desde os templos da Atlântida, trouxeram desde sempre embutidas as velhas verdades que não podem mudar, sobre o homem e o Universo.

A novidade foi a divulgação dessas verdades no Ocidente, à luz do dia, de forma ampla e ao alcance de quem as quisesse assimilar.

O mundo estava pronto para esse salto consciencial. A mentalidade ocidental do século dezenove estava preparada, depois das conquistas dos séculos precedentes. A Terra já tinha deixado havia muito de ser o centro do Universo; as religiões tradicionais já não detinham poder de vida e morte sobre as consciências. A astronomia dilatava aceleradamente as fronteiras do Cosmo, e as ciências da natureza o conhecimento sobre os vizinhos não humanos que partilhavam o planeta com o bicho homem.

E, surpresa das surpresas: dentro de dois anos, em 1859, Charles Darwin iria ratificar, em seu monumental *A Origem das Espécies*, a revelação feita ao professor Rivail: as espécies evoluem, e o homem nada mais é que o produto dessa evolução que é a lei da vida! Revolução na biologia e na visão do mundo, para todos os efeitos.

Mas os espíritos a trouxeram antes, essa ideia seminal e revolucionária! Num autêntico "furo de reportagem", **dois anos antes**, em 1857, *O Livro dos Espíritos* trazia a bombástica revelação: TUDO EVOLUI e tudo se encadeia no Universo, do átomo ao arcanjo! Só existe um caminho a percorrer, para todos os entes criados[1]. Sobre nosso parentesco imediato com os animais, aliás, foram taxativos[2].

Isso era ir mais longe ainda que a revolução darwiniana, a qual, iluminadora e extraordinária como foi, podia apenas – como é evidente – considerar um segmento apenas dessa reta infinita que se estende do abismo às estrelas: a sequência de todos os *seres vivos,* do protoplasma dos mares primevos aos naturalistas de casaca que polemizaram, olhos arregalados de espanto, sobre as páginas daquela obra que sacudiu os alicerces do século XIX.

Portanto, dois anos antes, a sabedoria dos séculos fora transmitida, em toda a sua pujante realidade, pelos espíritos que instruiram o professor Rivail, e era exatamente a mesma verdade milenar que iluminara os sábios na penumbra dos templos iniciáticos de todos os tempos: TUDO EVOLUI E TUDO FAZ PARTE DE UMA CADEIA ÚNICA NO UNIVERSO. Foram explícitos os espíritos : *do átomo ao arcanjo, que começou sendo átomo.* Muito antes, portanto, dos humanos, e muito depois deles, a caminhada infinita da consciência se

[1] Vide Citações, ao final desta obra.
[2] "Embora isto fira o teu orgulho, o homem deve resignar-se a ver em seu corpo material o último elo da animalidade sobre a terra. O inexorável argumento dos fatos aí está" - *O Livro dos Espíritos,* Allan Kardec.

estende pelo Universo afora, numa gloriosa fraternidade de seres.

Estava delineado o caminho. Emergindo do obscurantismo egocêntrico, a humanidade foi forçada a confrontar-se com essa realidade constrangedora para os orgulhosos: somos nada mais que a resultante de alguns bilênios ou mais de caminhada das amebas aos primatas – °nossos primos próximos. Essa ampliação de consciência sequer foi assimilada devidamente pela humanidade, que continuou a destruir-se com a maior naturalidade em guerras mundiais e locais - chacinas perpetradas dentro do mesmo lar contra irmãos consanguíneos. Já os irmãos mais novos – animais – esses, coitados, não mereceram até agora acolhimento dentro do lar planetário em pé de igualdade com aqueles que ontem envergaram os mesmos trajes.

Porém, rolado um século da revelação kardequiana acoplada à de Darwin, aproximando-se o terceiro milênio e a conquista de um novo patamar de consciência para a humanidade – leia-se, aquela porção dela já preparada para dar o salto no rumo da Nova Era – era preciso ir além. Forçoso preencher as lacunas deixadas pelos instrutores, definindo os degraus e ocupantes da monumental "escada de Jacó" que simboliza a trajetória evolutiva cósmica.

Os orientais já tinham deixado informações, muitas das quais passaram a ser resgatadas, no Ocidente, por doutrinas como a teosofia, a yoga, a rosacruz. O Grande Plano da criação – o Manvantara milenar da tradição hindu –, os devas ou anjos – estes, aliás, personagens bíblicos bem conhecidos, embora mal explicados – os elementais ou espíritos da natureza... Mas os espíritas pouco tinham a fazer senão passar em branco pelas lacunas dessa trajetória que leva do átomo ao ser humano, e depois dele ao arcanjo.

Entretanto em meados do século XX, retorna o mestre de Samos – o inconfundível filósofo da velha Grécia, agora sob o nome de Ramatís – a abrir os horizontes, ampliando para seus seguidores ocidentais o panorama da evolução sistêmica do Cosmo. A escada de Jacó, sob seus ensinamentos ditados a alguns médiuns, se povoou de anjos, devas e arcanjos, logos planetários e solares, espíritos da natureza e animais-irmãos-

-menores-do-homem (estes, sob intensos protestos de uma facção mais adepta de colocá-los na panela do que ao nosso lado, como companheiros de caminhada evolutiva).

O presente volume representa uma sistematização focada nesses ensinamentos, dispersos em várias obras de Ramatís, que integram a mesma temática: a evolução e seus degraus, que levam *do átomo ao arcanjo* sem hiatos nem incongruências.

Quem sabe, reconfortados com a perspectiva de em breve (pelos parâmetros cósmicos) podermos ser promovidos à categoria de mestres, depois à de anjos (com a opção de um estágio de especialização como devas) – já que Ramatís nos consola afirmando: "a distância que vos separa dos anjos é muito menor que a que vos separa dos ratos", - tenhamos a coerência de olhar para os caminheiros da mesma senda com dose maior de tolerância, quando humanos, e de compaixão quando ainda não humanos, talvez cessando de destruir ferozmente os colegas que povoam a escola planetária, em classes menos adiantadas que a nossa.

Estamos, como o fez o nobre Pitágoras nesses textos, obedecendo à necessidade imperiosa apontada por Kardec,[3] de prosseguir com o conhecimento e a difusão das verdades – já que a última palavra sobre a evolução está longe de ser dita. A Verdade, como já lembramos alhures, é do tamanho do Universo.

Paz a todos os seres!

Um discípulo da Grécia antiga
Mariléa de Castro

---

[3] "A revelação fez-se assim parcialmente em diversos lugares e por uma multidão de intermediários, e é dessa maneira que prossegue ainda, pois que nem tudo foi revelado". – *A Gênese*, Allan Kardec.

Evolução

PERGUNTA: — Qual é o significado do aforismo que diz: "O homem foi feito à imagem de Deus"?

RAMATÍS: — Desde os tempos imemoriais, todas as religiões e doutrinas espiritualistas ensinam que Deus é a Inteligência Suprema do Universo, a Luz Eterna e Infinita, e que os homens são seus filhos na forma de "centelhas", "chamas" ou "partículas luminosas", também eternas e indestrutíveis.[1]

No âmago da consciência individual de cada homem, Deus é o fundamento eterno e a unidade espiritual de todos os seres. Jesus também já afirmava, através do seu Evangelho, que o "reino de Deus está no homem", ou que "o homem e Deus são um só". Daí o motivo por que o Gênese, na Bíblia, também confirma que o homem foi feito à "imagem de Deus", isto é, possui em si mesmo a miniatura de todos os atributos do Criador. O homem é um "minideus", assim como a gota de água é um "minioceano", conceito que os velhos mestres orientalistas já corroboravam há milênios, através do ensino de que o "macrocosmo", ou o mundo grande, está no "microcosmo", o mundo pequeno, assim como "o que está em cima, está embaixo", ou seja, "o que está em Deus está em sua criatura". Analogamente, pode-se dizer que o átomo em equilíbrio é a miniatura de uma constelação de astros, enquanto

---

[1] Nota do Médium – Há certa semelhança entre alguns tópicos deste capítulo com o tema já explanado por Ramatís: "Deus". Mas é praxe do meu mentor espiritual insistir e reviver os temas que ele julga mais complexos em nova vestimenta verbal, a fim de melhor entendimento do leitor.

uma constelação é um átomo cósmico.

PERGUNTA: — Qual é um exemplo mais correto do fato de o "macrocosmo divino" existir e conter-se na relatividade do "microcosmo humano", que é o homem?

RAMATÍS: — Embora algo simplista, poderíamos explicar-vos, por exemplo, que o "macropinheiro", isto é, a araucária, cujos ramos buscam o alto, forte e resistente, na sua configuração definitiva existiu inteirinho na miniatura do pinhão, ou seja, no "micropinheiro". Assim que a semente de pinhão é plantada no solo, depois de certo tempo germina e, gradativamente, vence as adversidades do meio nos seus ajustes para a emancipação, até atingir a configuração gigantesca decisiva do pinheiro. É evidente que esse acontecimento ou fenômeno só se concretiza porque na intimidade do próprio pinhão há todo um pinheiro em estado latente, e seus atributos criativos despertam e se impõem tanto quanto faz o crescimento da árvore.

De modo semelhante, o espírito do homem também é ajustado ao solo das lutas cotidianas, onde deve romper a crosta da personalidade animal inferior, desenvolver os atributos de Deus existentes em sua intimidade espiritual, até alcançar a plenitude do anjo consciente, que é a sua Realidade Divina. Assim como, no fundo da terra, o pinhão modifica-se de semente para originar o pinheiro majestoso e adulto, o "homem velho", produto dos instintos da animalidade, também deve morrer para em seu lugar renascer o "homem novo", onde predominam os sentimentos e a razão, meios para a ascensão angélica.

O espírito do homem, entretanto, desperto, cresce incessantemente ampliando a consciência e o sentimento superior, desenvolvendo os próprios atributos divinos, porque o Criador é o fundamento criativo e eterno de toda individualidade humana. Assim, o espírito do homem é eterno e incorruptível, porque foi criado da essência eterna de Deus.

PERGUNTA: — Quereis dizer que, por sermos centelhas de Deus, que é eterno, nunca tivemos princípio, nem teremos fim?

RAMATÍS: — O espírito do homem é indestrutível, porque foi criado da essência eterna e inalterável de Deus. Mas, embora esteja vinculado à "Consciência Cósmica", é sempre uma consciência individual, que teve um princípio ou uma origem "pessoal" em certo espaço-tempo. Em consequência, houve uma época, ou um "momento", em que o homem começou a ter noção de existir, como a criança a ter noção de si e do meio que a cerca. O homem também define-se e individualiza-se no Universo, figurando como entidade de importância e a caminho de desenvolver o poder criativo tanto quanto amplia a sua consciência.

Sob exemplo semelhante, o espírito do homem um dia iniciou a sua conscientização, individualizou-se sob o impulso de uma vibração centrípeta e, finalmente, se personalizou no seio da Divindade. Em seguida, a consciência espiritual do homem, centro indestrutível de sua individualização, prossegue no incessante crescimento psíquico qualitativo e, ao mesmo tempo, panorâmico, a fim de abranger cada vez maior volume ou porção da própria Mente Universal. O processo é contínuo e inexorável, porque se exerce estimulado e disciplinado pelo princípio: "o reino de Deus está no próprio homem".

PERGUNTA: — Em consequência, o espírito do homem, embora seja eterno ou indestrutível, deve possuir uma idade sideral a partir da época ou do tempo em que iniciou a sua consciência particular e individualização no Cosmo?

RAMATÍS: — Convém distinguir a idade que limita a personalidade humana transitória, a qual existe somente entre o berço e o túmulo físico, em cada encarnação, comparada à consciência sideral, ou entidade definitiva e inalterável, que se individualiza e se desenvolve na sucessão de séculos, milhões, bilhões e trilhões de anos. Através do perispírito, que é um organismo preexistente e sobrevivente a todas as mortes físicas, a consciência espiritual indestrutível manifesta-se em cada existência humana, materializando um novo corpo físico transitório, mas sem perder o acervo e a memória das experiências de todas as vidas anteriores. No aprendizado periódico, que o espírito do homem realiza na superfície dos orbes materiais, ele desenvolve tanto os seus poderes latentes criativos, como passa a conhecer cada vez mais a sua própria individualidade.

PERGUNTA: — *Qual seria um exemplo mais objetivo desse acontecimento?*

RAMATÍS: — Apreciando o espírito, que é definitivo, em relação às inúmeras personalidades humanas modeladas nas sucessivas existências físicas, poderíamos supor a figura de um imenso colar, que aumenta sucessivamente no tempo e no espaço, pelo acréscimo incessante de novas contas, cada uma representando uma vida humana. Mas enquanto essas contas ou encarnações físicas podem variar na sua forma, cor, raça ou contextura pessoal transitória, o fio que as une não muda, porque é o espírito imortal a sustentar as diversas personalidades encarnatórias ou organismos carnais a se substituírem sucessivamente na superfície dos orbes.

Não importa se, em cada encarnação ou cada conta desse suposto colar, a personalidade humana chama-se João, Nero, Maria, Gandhi ou Paulo de Tarso. O certo é que o fio do colar é a individualidade eterna, que se emancipa no tempo e no espaço, fichada nos "Registros Cármicos" por um código sideral definitivo.[2]

Em cada existência física, o espírito plasma um tipo de organismo, cuja estrutura anatomofisiológica depende da herança biológica da família onde se encarna. Em seguida, recebe um nome adequado à raça ou parentela que lhe fornece a vestimenta anatômica, sem que isso lhe altere a identificação individual definitiva e figurada nos registros de origem sideral. A individualidade do espírito não se enfraquece, mas se desenvolve e se encorpa, tanto quanto for o seu comparecimento periódico às sucessivas vidas humanas.

PERGUNTA: — *Poderíamos admitir que os graus inferiores e superiores, que distinguem a capacidade, a inteligência e a cultura inata entre os homens são mais propriamente diferenças de idade sideral?*

RAMATÍS: — Sem dúvida, pois não há discrepância, privilégio ou graça na pedagogia divina. Todos os espíritos

---

[2] Os espíritos são classificados em "Departamentos de Reencarnações", no mundo espiritual, sob uma determinada sigla e número que lhes identifica a individualidade permanente, pois os nomes e as personalidades transitórias são de menos importância. (N. de Ramatís.)

progridem lenta e incessantemente, sob o mesmo processo evolutivo, em consonância com a Sabedoria, a Justiça e o Amor de Deus.

O troglodita, por exemplo, ainda é um espírito infantil, que apura a sua sensibilidade psíquica através do exercício dos cinco sentidos físicos em adestramento no mundo. É criatura que mal engatinha no apercebimento de sua consciência sideral, demasiadamente imatura para impor o seu princípio espiritual sobre a força milenária das tendências animais. Jamais poderia manifestar um comportamento semelhante a Francisco de Assis, cuja idade sideral e conscientização perde-se nos registros da história planetária da vossa constelação solar. Seria tão absurdo exigir-se dos alunos primários as soluções sobre o princípio de relatividade consagrado por Einstein, assim como intimar Herodes para manifestar sentimentos de ternura, filantropia, estoicismo e renúncia, que são inerentes a um Vicente de Paulo.

É o tempo de vida da consciência de cada espírito, ou mais propriamente a sua idade sideral, que o situa na faixa vibratória eletiva ao seu maior entendimento psíquico, em vez do conhecimento ou da aquisição obtida na precariedade de uma existência física. Assim como a criança, que sob a disciplina do mundo, desenvolve-se protegida até alcançar a condição de homem adulto e liberta-se das irresponsabilidades da infância, todos os espíritos ainda crianças, ignorantes e virgens, também ingressarão no seio da humanidade angélica e conscientes de sua vida imortal. Esta é a lei: "nenhuma ovelha será perdida do redil do Senhor".

PERGUNTA: — Quereis dizer que os espíritos angélicos e libertos dos ciclos reencarnatórios são consciências siderais, ou centelhas individualizadas há mais tempo no seio do Cosmo?

RAMATÍS: — Repetimos: cada um de nós é um espírito indestrutível, porque é criado da própria essência divina e eterna, mas variando conforme a idade sideral. Houve um tempo, ou momento, há séculos, milênios, milhões, bilhões ou trilhões de anos do calendário convencional terrícola, em que começamos a existir como "indivíduos diferenciados" no seio da Criação. Assim, existem, simultaneamente, no Universo, tantos espíritos novos e infantis, como antigos e adultos, mas cuja graduação ou gabarito espiritual depende exatamente do tempo em que eles principiaram a ter noção de existir.

Em todos os instantes da Vida, nascem, surgem ou se iniciam novas consciências, isto é, novos espíritos individualizam-se no Universo e adquirem a noção particular de existir, embora continuem vinculados sempre à fonte criadora Divina.

Deus não concede privilégios especiais e extemporâneos, mas proporciona, equitativamente e sem quaisquer preferências ou simpatias, os mesmos ensejos de conscientização e aperfeiçoamento a todas as suas criaturas. Nenhum espírito é, originariamente, superior a outro, mas todos possuem em estado latente o mesmo poderio, a mesma capacidade, sabedoria e o anseio evolutivo rumo à fonte criadora.

As consciências majestosas e interplanetárias dos anjos e arcanjos, que iluminam e nutrem a intimidade psíquica dos orbes e das constelações astronômicas, não passam de entidades emancipadas sob o mesmo processo espiritual e evolutivo que preside a gestação e o desenvolvimento da consciência de todos os filhos de Deus.

PERGUNTA: — Poderíeis explicar-nos, através de algum exemplo mais pessoal, quanto à idade sideral, à natureza e semelhança original dos espíritos?

RAMATÍS: — Quem hoje é um pecador ou diabo, no futuro será anjo ou santo. Assim, Nero ainda será um Jesus, porque Jesus, alhures, pode ter sido um Nero, tanto quanto Hitler ainda será um Gandhi, porque Gandhi, também, poderia ter sido um Hitler. Ante o determinismo do processo evolutivo, que é justo, equânime e sem privilégios para os filhos de Deus, a centelha espiritual mais ínfima do Cosmo um dia há de ser um Logos Solar,[3] embora essa maturidade sideral só ocorra após a criação e a destruição de alguns universos físicos.

Ainda sob o invólucro de um Tamerlão, ou Gêngis Khan, Deus serve-se dos atributos divinos ali existentes, e modela a criatura à sua imagem. Lenta e inexoravelmente, no residual da própria animalidade, gesta-se a consciência radiosa de um anjo e o comportamento sublime de um santo, tanto quanto

---

[3] Logos Solar: Espírito Planetário do Sol, Consciência Espiritual que centraliza o progresso dos orbes que formam cada constelação solar.

no próprio lodo malcheiroso, também brota o lírio ou jasmim perfumados.

PERGUNTA: — *Que dizeis da afirmação de muitos religiosos, e mesmo de alguns espíritas e umbandistas, que temerosos de cometerem sacrilégios acham que o espírito de Jesus evoluiu absolutamente em "linha reta"?*

RAMATÍS: — Sem dúvida, Jesus é atualmente o nosso Irmão Maior, a entidade mais sublime no governo do orbe terráqueo. É o guia que através do Código Moral do Evangelho conduz o homem à Realidade Divina. Espírito indefinível para nós que mal iniciamos a jornada do bem, é o "Caminho, Verdade e Vida", porque viveu em si mesmo, durante o seu desenvolvimento consciencial, os mesmos equívocos, pecados, vícios, deslizes e paixões, que são próprios de toda a humanidade, ainda imatura. Em face do seu progresso espiritual alcançado através de incontáveis encarnações físicas, em orbes que já se transformaram em poeira cósmica, Jesus esquematizou o roteiro para a libertação da humanidade espiritual do planeta Terra, da qual ele é o titular, através do sublime Evangelho. Jesus nasceu, amadureceu e angelizou-se até atingir o magistério divino, defrontando e vencendo em si mesmo pecados, acertos, equívocos, glorificações e frustrações de todos os homens, ao mesmo tempo que cultivava e sublimava as virtudes latentes em seu espírito.

Se a evolução de Jesus tivesse sido diferente dos demais espíritos e especificamente em "linha reta", desobrigado de quaisquer equívocos ou vacilações, é evidente que Deus teria privilegiado um filho mais simpático com alguma faculdade incomum, virtude excelsa, graça prematura ou sabedoria inata, traindo uma censurável preferência egoística humana.

Essa graça, ou mercê pessoal e divina exclusivamente a Jesus, então, desmentiria a tão propalada Justiça do Criador, que seria assim capaz de praticar atos tão discutíveis e censuráveis, como qualquer homem imperfeito. E o Divino Mestre também não seria o símbolo glorioso ou a matriz fiel da verdadeira conduta humana, mas indigno de ser o Guia da Humanidade em face da extravagância de querer ensinar aos seus alunos aquilo que ainda não aprendeu a viver, nem sofreu em si mesmo.

Enquanto os demais filhos de Deus deveriam seguir pelas sendas tortuosas do sofrimento e das vicissitudes humanas, a fim de apurar a sua sensibilidade psíquica e lograr a metamorfose do futuro anjo, Jesus então seria um privilegiado teledirigido por um "radar espiritual" capaz de guiá-lo tranquila e corretamente pelos labirintos educativos mais complexos e dolorosos da vida física. Jamais ele poderia depois distinguir o certo do errado, o autêntico do falso, o sadio do enfermiço, ou o bem do mal, sem participar dos problemas gravosos e atrozes de todos os homens. E Jesus nada mais seria do que um robô, ou fantoche movido pelos cordéis divinos, numa prematura e injustificável promoção sideral.

Aliás, não há desdouro algum para Jesus ter evoluído sob o regime da mesma lei a que se sujeitam todos os demais espíritos. Mas é justamente o fato de ele ter alcançado o conhecimento e, também, a sublimação, através das incontáveis vidas físicas, que o consagra digno de guiar e salvar a humanidade. A sua vida e paixão, martírio que terminou na cruz, é o esquema do verdadeiro comportamento que o homem deve adotar diante de todas as lutas, tragédias, explorações, pilhagem e ingratidões entre os seus próprios irmãos imaturos.

PERGUNTA: — Mas é certo que o Mestre Jesus sofreu, realmente, o seu calvário até o sacrifício da cruz. Não é assim?

RAMATÍS: — A paixão de Jesus e o seu holocausto na cruz constituíram a imorredoura lição de um Avatar, ou Mentor Sideral, quando deve plasmar na face de um orbe físico, como é a Terra, o esquema educativo e a síntese dos ciclos encarnatórios educativos, que promovem a libertação dos espíritos e os desvinculam da vida animal.

Conforme escrevemos em obra anterior,[4] o verdadeiro

[4] N. do M. - Vide a obra *O Sublime Peregrino*, cap. 2, "Jesus e sua Descida à Terra", de que destacamos o seguinte trecho: "É um equívoco da tradição religiosa considerar que o supremo sacrifício de Jesus consistiu essencialmente na sua paixão e sofrimento compreendido entre a condenação de Pilatos e o holocausto da cruz. Se o verdadeiro sacrifício do Amado Mestre se tivesse resumido nos açoites, nas dores físicas e na sua crucificação injusta, então os leprosos, os cancerosos, os gangrenosos deveriam ser outros tantos missionários gloriosos e eleitos para a salvação da humanidade. Os hospitais gozariam da fama de templos e viveiros dos "ungidos" de Deus, capazes de salvar a humanidade dedicando a ela suas dores e gemidos lancinantes. Milhares de homens já têm sofrido tormentos

sacrifício de Jesus não foi apenas durante aquelas horas amargas, desde o pretório romano até o seu último suspiro na cruz. Mas isso compreende e abrange a sua indescritível operação de abaixamento vibratório, qual ave sideral abandonando a atmosfera eletiva paradisíaca, para amoldar-se à gaiola estreita da carne humana e entregar ao vivo a mensagem do Amor que salva os homens. Jesus despendeu mais de mil anos do calendário terreno, num descenso atroz, a fim de ajustar-se, campo por campo, cada vez mais restritos e coercitivos, até alcançar a matéria e modelar o seu corpo carnal no ventre feliz de Maria. Nascendo e vivendo sob o regime comum da vida de todos os homens, Jesus não somente foi o melhor e o mais puro dos homens, como ainda o mestre fiel, amoroso e sábio, que em sua peregrinação física ensinou ao homem a sua libertação definitiva da carne.

PERGUNTA: — Tendes dito que Deus cria espíritos em todos os instantes da vida cósmica?

RAMATÍS: — Sim, Deus cria incessantemente novas consciências espirituais, que então se constituem em outras "centelhas" ou "chamas", com a noção individual de existirem no oceano de energia Divina. Após o apercebimento de si mesmas, elas iniciam a amplificação de sua consciência, através da incessante expansão psíquica, e que se sucede por todos os reinos e todas as formas dos mundos.

PERGUNTA: — Poderíeis expor-nos como se engendram ou se criam os espíritos, no seio de Deus?

RAMATÍS: — É evidente que, embora se criem novos espíritos em todos os momentos da Vida Universal, Deus permanece inalterável em Sua Essência Eterna. Sem qualquer desgaste divino, as novas centelhas ou chamas particularizadas de Sua Luz, então passam a sentir-se alguém no comando de sua consciência individual.

Em singelo exemplo, se fosse possível uma gota de água desenvolver-se individualmente, o que é evidentemente absurdo, ela então teria a sensação microscópica de si mesma e a noção de existir, mas sem desvincular-se da fonte macrocósmica do próprio oceano onde se originou. Sob determinado

mais atrozes do que as dores físicas suportadas por Jesus naquela terrível sexta-feira, mas nem por isso foram consagrados como salvadores da humanidade".

impulso íntimo criador, as partículas de Luz provenientes do Espírito Cósmico de Deus, em certo momento principiam a viver e a se configurar como núcleos de consciências centralizadas no Universo. O apercebimento ou a definição psíquica aumenta pelo relacionamento incessante com o próprio mundo educativo das existências físicas, a fim de compor a sua memória perispiritual no simbolismo de tempo e espaço. Eis o início da jornada ininterrupta e eterna do ser espiritual, que desenvolve tanta sabedoria e noção de existir, quantas sejam as suas experiências educativas no comando dos corpos físicos ou na vivência quando desencarnados nos mundos "extrafísicos".

PERGUNTA: — *Ainda ser-vos-ia possível elucidar-nos quanto ao processo, ou mecanismo evolutivo, que propicia o nascimento de novos espíritos no Universo?*

RAMATÍS: — Malgrado as dificuldades tão comuns para o intelecto humano perceber satisfatoriamente o esquema transcendental da vida espiritual, sublime e criativa do Universo, tentaremos expor-vos algo da metamorfose macrocósmica de Deus, no processo inverso da metamorfose microcósmica do homem.

Considerando-se que Deus é o Todo Ilimitado, que interpenetra, coordena e ativa a vida universal, é evidente que esse Psiquismo Cósmico precisa graduar-se em diversas frequências vibratórias, a fim de poder governar tão eficiente e coerentemente uma galáxia ou constelação de astros, como ajustar-se às necessidades sutis e ínfimas de um simples átomo de hidrogênio.

Sabemos que o elevado potencial da força elétrica original da usina deve ser abrandado ou graduado para menores voltagens através de transformadores apropriados, a fim de acionar desde o avançado parque de uma indústria, como um simples aparelho elétrico doméstico. Assim, o modesto fogareiro que funciona apenas com 110 volts de energia, seria fundido e carbonizado, sob o impacto poderoso e violento de uma carga de 10.000 volts.

Malgrado a singeleza desse exemplo de eletricidade, que deve reduzir a sua voltagem através de transformadores adequados às múltiplas necessidades e capacidades dos mais variados aparelhos e utensílios elétricos, a Mente Universal também exerce a sua ação criativa e aperfeiçoadora através de entidades espirituais, numa ação psíquica "transformativa", que então reduz vibratoriamente a Energia Cósmica Divina até ajustar-se ao consumo modesto de uma vida humana.[5]

O centro de consciência humana, que se organiza individualmente no seio do Psiquismo Cósmico, constitui-se num campo íntimo, ou na miniatura psíquica do próprio macrocosmo, assim justificando o aforismo de que "o homem foi feito à imagem de Deus". A consciência individual, ainda virgem e ignorante, mas excitada pelo dinamismo centrífugo, promove a sua ascese espiritual desde a transformação do átomo em molécula, da molécula em célula, da célula ao organismo, do organismo animal ao tipo humano e, depois, a metamorfose do homem até a configuração do arcanjo constelar.

Os atributos divinos miniaturizados no espírito do homem despertam e se amplificam à medida que ele desenvolve a sua consciência humana na experiência de mais vida, sabedoria e poder. O homem ainda vive sob os impulsos e as excitações da energia criativa do instinto animal, a qual lhe organiza a vestimenta de carne na face dos orbes físicos. Mas, depois que supera a animalidade, ele se converte num transformador sideral, capaz de absorver certo impacto energético do Psiquismo Cósmico, a fim de também distribuí-lo, gradativamente, na voltagem psíquica adequada à vida dos seres menos evoluídos.

PERGUNTA: — Quereis dizer que o Psiquismo Cósmico, na sua descida vibratória, filtra-se e atua através dos diversos campos e reinos do mundo físico até modelar a configuração do espírito do homem?

RAMATÍS: — O nascimento, a formação ou definição do espírito individualizado do homem, não é apenas um fato simples, primário, ou consequente de súbito fenômeno ocorrido no seio do Psiquismo Cósmico. A centelha, ou partícula espi-

---

[5] Todo o nosso esforço nesta explicação é apenas na tentativa dinâmica para desemperrar a mente humana das formas e dos conceitos estratificados da vida física. Supondo-se a caminhada do espírito, numa estrada infinita e eterna, os nossos conceitos, exemplos e descrições só devem ser admitidos como balizas indicativas demarcando o rumo mais certo. (N. de Ramatís.)

ritual, quando assinala o seu primeiro apercebimento íntimo e consciência de existir, ou se diferencia do Todo Divino, já é a etapa final de um longo processo em gestação através de todas as múltiplas formas do Universo. Não se trata de um acontecimento miraculoso, a diferenciar um novo núcleo de consciência particularizada no seio de Deus. Mas essa individualização consciencial só ocorre após o descenso vibratório psíquico, desde a forma galaxial, constelar e planetária até ultimar a sua filtração pela intimidade dos reinos mineral, vegetal, animal e definir-se no homem, como produto mais precioso e avançado. Ao se criar um novo espírito no seio de Deus, ele já possui em si mesmo, latente e microcosmicamente, o conhecimento e a realidade macrocósmica do Universo. Isso acontece porque a individualização espiritual do homem só ocorre depois que o Psiquismo Cósmico efetua o seu completo descenso vibratório, ou seja, a inversão do "macro" até o "microcosmo".

PERGUNTA: — Seria possível sugerir-nos uma figura ou diagrama gráfico simbólico, capaz de expressar-nos o extremo macrocósmico do Psiquismo Cósmico e, simultaneamente, noutro extremo, a consciência microcósmica do homem?

RAMATÍS: — Se considerássemos, simbolicamente, um cone infinito e imensurável, com o seu vértice voltado para a Terra e a base perdendo-se no infinito, então, a consciência individual do homem seria representada pelo vértice, e o Psiquismo Cósmico por todo o cone. Sob esse gráfico simbólico, o conhecimento infinito e o poder do Psiquismo Cósmico, então abrangeria toda a figura do cone, reduzindo-se num descenso vibratório até se configurar no vértice, que representa o surgimento da consciência microcósmica do homem. O próprio cone, à medida que parte do seu vértice para o infinito, ainda poderia simbolizar Deus em vários estágios vibratórios, lembrando mesmo a espiral.

Obviamente, à medida que a consciência humana, figurada simbolicamente no vértice do cone, principia a sua evolução espiritual, ela também há de abranger, progressivamente, maior área ou porção do cone, enriquecendo incessantemente o seu próprio patrimônio psíquico individual. Eis por que já dizia o Cristo-Jesus que o "reino de Deus está no homem", uma vez que ao despertar individualmente o espírito humano já possui em si mesmo a miniatura potencializada do próprio Psiquismo Cósmico de Deus. O homem é a miniatura de Deus; e Deus a amplificação cósmica do Homem. Há milênios, os velhos mestres da filosofia oriental já diziam: "assim é o macrocosmo, assim é o microcosmo" ou "o que está em cima está embaixo". Eles já pressentiam a lógica do monismo, doutrina que melhor resiste à lógica do pensamento humano, ante o vertiginoso progresso científico, inclusive da física nuclear, que assim verifica a incontestável fusão da concepção espiritualista e materialista na sutilíssima fase intermediária da energia. Corroborando os antigos instrutores do Oriente, na linguagem moderna e sob fundamento científico, também cabe a mesma ideia do "macro" no "micro", quando se diz que o átomo pode ser considerado como a miniatura da constelação, assim como a constelação pode ser considerada a amplificação do átomo.

PERGUNTA: — Que poderíeis dizer-nos, quanto a essa descida vibratória do Psiquismo Cósmico, desde as galáxias, constelações, os sistemas planetários e orbes, até compor as consciências instintivas dos reinos mineral, vegetal, animal e organizar a entidade humana?

RAMATÍS: — É de senso comum que só há um comando em todo o Universo, o qual então é monista. Mas, para melhor efeito dos nossos relatos mediúnicos, preferimos admitir o Universo governado pelo Psiquismo Cósmico, ou seja, a própria Consciência Espiritual de Deus. Entretanto, não é o Psiquismo Cósmico que "desce" através de galáxias, constelações, sistemas planetários e reinos mineral, vegetal, animal até o reino hominal. Sob tal hipótese, então, já deveriam preexistir essas galáxias, constelações, muito antes de o Psiquismo Cósmico efetuar a sua descida vibratória. Na realidade, referimo-nos apenas às fases ou etapas criativas, que ocorrem posteriormente no seio do Criador. As galáxias, constelações ou sistemas planetários e os diversos reinos da Natureza, que constituem os orbes físicos, são manifestações ou materializações deste Psiquismo Cósmico, na sua descida vibratória criativa.

PERGUNTA: — E como se efetua a materialização dos sistemas e orbes, nessa descida vibratória do Psiquismo Cósmico?

RAMATÍS: — A Consciência Espiritual de Deus é o único Comando, controle e fundamento do Universo. Ela pode dispor de tantos centros de governo psíquico, no macro ou microcosmo, conforme sejam as características criadoras exigidas nos campos, sistemas ou quaisquer unidades da Vida. Mas, em verdade, Deus serve-se dos seus próprios filhos para exercer esse governo disciplinado e criativo universal, uma vez que eles também são potencialmente o próprio Cosmo em "miniatura".

Daí os motivos por que os povos orientais, os primitivos celtas, mostram-se familiarizados com a ideia da existência de "deuses", que rodeiam o "Trono do Senhor", e são incumbidos das criações e providências mais avançadas e complexas do Universo. Em face de sua aparência luminosa e muitíssimo refulgente, que se ressalta desses "deuses" tradicionais, reconhecíveis por exímios clarividentes, eles são conhecidos pela denominação de "Devas"[6] que na linguagem do sânscrito significa "seres brilhantes".[7]

Os "Devas Maiores", mais conhecidos no Ocidente por Arcanjos, são considerados agentes onipresentes e superfísicos da Vontade Criadora do Pai; os senhores e diretores de todas as energias, leis, princípios e processos galaxiais, constelares, solares, interplanetários e planetários. Os "Devas Menores", ou anjos da pedagogia católica, atuam nos diversos reinos da Natureza, operando intimamente desde o reino mineral, vegetal, animal e principalmente hominal. Senhores do psiquismo, pródigos de sabedoria e poder criativo, eles criam, disciplinam, orientam, aperfeiçoam e sublimam todas as manifestações da Vida nos mais diversos planos e regiões dos orbes físicos.

Consequentemente, os "Devas Menores" ainda repre-

[6] N. do M. - Sob o ensino religioso do Catolicismo, consta que o nosso orbe terráqueo é fruto do psiquismo criativo de três arcanjos: Gabriel, Miguel e Rafael, cada um deles tendo assumido uma responsabilidade específica na vivência e formação das almas terrenas.
[7] N. do M. – Vide a obra *O Reino dos Deuses*, excelentemente ilustrada a cores, que explica amplamente a existência e a função desses "Devas". Obra editada e distribuída pela "FEEU" (Fundação Educacional e Editorial Universalista. Caixa Postal 2931 — Porto Alegre, Rio Grande do Sul). Os "Devas", aliás, também foram espíritos que se burilaram nas lutas reencarnatórias, habitando e aperfeiçoando--se nas diversas moradas do Pai.

sentam um elevado estado do Psiquismo Cósmico, mas já se constituem nas consciências psíquicas que comandam e coordenam os reinos mineral, vegetal, animal e hominal. Inclusive, ainda se subdividem em novos subcomandos instintivos e responsáveis para cada espécie diferente de mineral, vegetal e animal de cada reino. Nesse descenso psíquico procedido pela Consciência Cósmica através das galáxias, constelações e orbes, vão-se elaborando, pouco a pouco, numa síntese regressiva, os próprios núcleos das futuras consciências humanas.

Essa infinita e imensurável hierarquia espiritual de elevada estirpe, poder e sabedoria, que cria, disciplina e aperfeiçoa os mundos em cada "Grande Plano" ou "Manvantara" da Criação, tem o seu limite extremo superior na Consciência Espiritual de Deus e o extremo inferior na consciência do próprio homem.

PERGUNTA: — Qual é a evidência mais comum de que os antigos já cultuavam essa concepção de Deus, o Senhor absoluto do Universo e, também, os "Devas Maiores" e os "Devas Menores", em sua ação criativa?

RAMATÍS: — Examinando-se toda a história religiosa, iniciática e esotérica do mundo terreno, podemos verificar que o homem sempre admitiu a imagem de Deus cercado de uma corte refulgente a cumprir-lhe a vontade augusta e única. Há o Senhor no "Trono Divino", rodeado dos seus anjos, conforme enuncia a Igreja Católica; a ideia poética dos chineses sobre um "jardineiro Divino", cultivando o Jardim do Universo; o "Grande Arquiteto", dos maçons, que projeta, esquematiza e planeja a estrutura do Cosmo, ou, ainda, Brahma, dos hindus, o Deus das castas privilegiadas e dos "párias".

Mas conforme é consagrado pela tradição religiosa filosófica espiritual, toda obra Divina só é concretizada graças à hierarquia de construtores, que se inicia no engenheiro arcangélico e decresce até se findar no próprio homem limitado no mundo físico. Deus, a Mente Criadora, faz cumprir a sua Vontade através de seus prepostos, mantendo o Cosmo em incessante atividade criadora.

Sob a garantia histórico-religiosa, o homem pode sentir--se um reflexo de Deus, uma centelha da Energia Cósmica

Divina, e tranquilo candidato à felicidade eterna. Ele não pode duvidar do seu Magnânimo Criador, que ativa incessantemente os sucessivos "Grandes Planos", ou "Manvantaras" da Criação, com o propósito divino de conduzir as suas criaturas à sublime condição angélica. O homem sente em sua intimidade essa potencialização, que o impulsiona para as expressões mais sublimes da vida, e a partir do próprio conflito entre o instinto que o imanta à matéria e o espírito que o convoca para Deus, embora muitas vezes isso o leve a praticar equívocos que exigem futuras retificações.

PERGUNTA: — *Gostaríamos de mais algumas considerações sobre essa potencialização do Universo, paralelamente ao impulso de aperfeiçoamento no âmago do próprio homem.*

RAMATÍS: — Os Instrutores Espirituais de todos os povos têm ensinado, desde eras remotas, que há um esquema sideral do Cosmo sintetizado em cada ser, que o programa para despertar e desenvolver o potencial de energias criativas, como um reflexo do próprio Deus. Algum bom senso e um pouco de acuidade espiritual ajudam-nos a comprovar que a Vontade, Sabedoria, Beleza e Poder Divino estão latentes em toda a multiplicidade de expressões macro ou microcósmicas da vida. Em consequência, é sintomático que a mais sábia e venturosa finalidade da existência ainda é a transformação das potencialidades latentes na intimidade de todos os seres, em poderes ativos e com crescentes resultados criativos.

Há um sentido, um rumo ou objetivo criador de ordem superior, mesmo nos seres mais execráveis, que comprova a generosa manifestação Divina sem qualquer preferência, no sentido de incessante evolução. Nos próprios reinos da natureza, em que para alguns tudo já está feito, podemos observar essa tendência de aprimoramento e beleza, como fatores de progresso que existem nas espécies de organizações mais simples, ou mesmo nas criações consideradas mais inúteis. Há um ideal superior para a consciência do reino mineral, que se manifesta no brilho facetado do quartzo ou do diamante; é a beleza e a solidez da forma; mas, para a consciência vegetal, o seu ideal é a multiplicidade de estruturas e formas numa verdadeira orgia de criatividade, onde a forma, a beleza, a complexidade fundem-se no fenômeno que manifesta as cores e na fragrância odorífera das flores. Sem dúvida, para a consciência animal, vale o instinto das satisfações físicas, mas, também, o despertar da sensibilidade.

Mas assim que essas manifestações atingem a condição humana, então surge o pensamento e o raciocínio, capaz de criar as mais complexas teorias no campo da abstração, manifestação mais evidente dos poderes divinos latentes e criativos, que dormitavam nos reinos anteriores. Na sua incessante "descida vibratória", o Psiquismo Cósmico parece fragmentar-se na miniatura da humanidade, mas isso é tão-somente redução de potencialidade, e que sob misteriosa atração faz os seres unirem-se para o retorno consciente à intimidade do próprio Criador. É então a vontade conduzindo à onipotência, a sabedoria à onipresença e o intelecto à onisciência.

PERGUNTA: — Para o nosso melhor entendimento, poderíamos pressupor que o Psiquismo Cósmico, na sua "descida vibratória", poderia lembrar uma usina elétrica ilimitada a serviço dos mais avançados e diminutos aparelhos do mundo?

RAMATÍS: — É indubitável que os exemplos caldeados nas formas ou nos estados físicos tridimensionais jamais poderão elucidar satisfatoriamente as atividades e imagens imponderáveis do mundo espiritual. Mas é óbvio que, em face da complexidade, diferenciações, receptividade e capacidade dos múltiplos aparelhos, maquinaria ou instalações, que devem se abastecer de carga elétrica para os mais variados fins, a usina ou estação central elétrica necessita de recursos intermediários para que essa força possa decrescer até atingir de modo proveitoso o setor mais ínfimo e menos importante. Por isso, a engenharia humana criou diversas subestações, que em ordem decrescente de voltagem e força, abrangem desde o primeiro grupo de transformadores mais possantes, até os mais fracos, responsáveis pela redução da carga original da usina. Consecutivamente, através dos grupos de transformadores de abaixamento elétrico, a energia poderosa da usina de milhares de volts logra o admirável êxito de movimentar um modesto barbeador de 110 volts ou iluminar a lâmpada de 5 watts, junto ao berço do bebê sonolento.[8] Semelhantemente a essa comparação singela, diríamos que o Psiquismo Cósmico, que atua e interpenetra todo o Universo, possui as suas "subestações" de transformadores psíquicos, em ordem decrescente e conforme as necessidades dos departamentos da vida "psicofísica". As galáxias, constelações, os sistemas planetários, orbes e satélites são fabulosos núcleos de vida psíquica, que transitam pelo Cosmo sob o comando de entidades siderais arcangélicas e angélicas, que lhes penetram a intimidade física com o seu sublime psiquismo.

Assim, essas indescritíveis consciências arcangélicas, que lembram fabulosos transformadores vivos e receptivos à elevada voltagem divina do Criador, passam a ser os doadores de energia sideral mais reduzida e adaptada às consciências menos capacitadas. O Psiquismo Cósmico, nessa transformação de voltagem sideral e sem qualquer alteração em sua Unidade Eterna, atinge a todos os núcleos de consciência e de vida. No decrescimento vibratório, desde o Arcanjo até a consciência humana, o Psiquismo abrange desde as partículas subatômicas até a estrutura física dos orbes e da singeleza unicelular e psíquica do vírus, e à complexidade do homem. E depois se faz o retorno pela "via interna", quando o potencial divino adormecido desperta no micro em incessante ascensão para o macrocosmo.

PERGUNTA: — Quer-nos parecer que o comando psíquico de uma constelação ou sistema planetário ainda desempenha funções mais limitadas e circunscritas aos próprios reinos de cada orbe.

RAMATÍS: — O comando psíquico arcangélico de uma constelação, conhecido por "Deva Maior" entre os orientais, atua intimamente nas fímbrias de todas as atividades físicas

---

[8] Nossas mensagens não têm por finalidade efetuar revelações inusitadas e discutíveis, mas dinamizar a mente do leitor, no sentido de ele aperceber-se, o melhor possível, do esquema e metabolismo psíquico do Universo. Lembramos que o UNO está nas partes, e as partes integradas no UNO. É assunto conhecido milenarmente, e que endereçamo-nos mais particularmente ao homem de intelecto médio, uma vez que às cerebrações de alto gabarito reservam-se as obras específicas desse tema. Buscamos fornecer problemas, sugestões e estímulos, que permitam ao leitor exercitar a força cósmica de seu próprio pensamento criador. (N. de Ramatís.)

e psíquicas de cada orbe habitado ou em elaboração para futura moradia planetária. Em consequência, o arcanjo ou Logos Solar, como a consciência psíquica mais evoluída de vosso sistema, vibra na intimidade de todos os planetas, orbes e satélites do mesmo. Através de sua vibração altíssima e impossível de qualquer receptividade humana, cuja luz e energia criativa ao incidir diretamente pulverizaria qualquer ser, o Arcanjo ou Deva Maior é o campo vibratório de toda vida e aperfeiçoamento do sistema solar onde atua. No entanto, cada orbe físico possui o seu "Deva Menor", Anjo ou Cristo Planetário, que sob a ação e comando do Arcanjo do sistema solar cumpre o desígnio criador em semear a vida e incentivar o progresso de todos os reinos sob o seu governo. Em verdade, há uma intercomunicação criativa, que pulsa incessantemente desde Deus e interpenetra todo o Cosmo, a unir em ordem decrescente vibratória desde a consciência arcangélica até a consciência humana no reino hominal.

O Arcanjo projeta, cria, coordena e retifica toda a atividade criadora e progressiva de toda a constelação, enquanto os anjos, ou "Devas Menores" sustentam cada orbe dentro do esquema arcangélico. Em consequência a ação angélica pode ser mais íntima e sutil, ou mais periférica e indireta, tanto quanto for a natureza e o aprimoramento de cada reino ou espécie onde ela atua. Em verdade, os Devas operam na Criação como prepostos de Deus. Lembram algo dos engenheiros, mestres, chefes e operários, que materializam na forma de edifícios, pontes, jardins ou metrópoles, as ideias e os projetos que constam das plantas solicitadas pelos donos ou responsáveis.[9]

[9] N. do M. – Resumo da "Introdução" da obra *Fundamentos da Teosofia*, de C. Jinarajadasa: "Os Mestres da Sabedoria, como são chamados, são almas humanas que no decorrer do processo evolutivo passam do estágio humano ao período seguinte, o de Adepto. Elevando-se até o Adeptado, o homem adquire o conhecimento, por suas investigações e experiências. O homem que se tornou Adepto cessa de ser um simples instrumento no processo evolutivo; exerce, então, nesse processo, a função de mestre e de um diretor, sob a inspeção de uma alta consciência chamada em Teosofia — o Logos. Como colaborador do Logos, pode ver a natureza sob o ponto de vista do Logos, e observá-la não na qualidade de criatura, mas, por assim dizer, como seu Criador. Esses Mestres de Sabedoria, esses agentes do Logos, dirigem o processo evolutivo em todas as suas fases, tendo cada um deles a vigilância de um departamento especial na evolução da Vida e da forma. Constitui o que se chama a Hierarquia ou a Grande Fraternidade. Guiam a edificação e a desintegração das formas nos mares e na

PERGUNTA: — Então, repetindo, poderíamos pressupor, que também há uma espécie de consciência psíquica particularizada nos diversos reinos da Natureza? Ela então coordena a distribuição da substância, ou orienta num sentido de despertamento e progresso as espécies de cada reino?

RAMATÍS: — Sem dúvida, há em cada reino da natureza uma consciência psíquica instintiva, que atua em determinada faixa e frequência vibratória, vinculada à Mente Universal. Cumpre-lhe, especificamente, aperfeiçoar as espécies minerais, vegetais e as próprias espécies animais. Sob tal comando e o progresso incessante, esse mesmo psiquismo instintivo amolda e apura os minerais incorporando-os aos vegetais e, em seguida, os ajusta às espécies animais, providenciando a contextura do organismo carnal anatomofisiológico, que deverá servir para o futuro homem. É por isso que a própria ciência terrícola comprova que existe uma direção, um sentido orientador e disciplinado na cristalização de alguns minerais. Observa-se uma espécie de "arquétipo" oculto, que além de proporcionar a necessária composição química, que se traduz por propriedades fisioquímicas, ainda confere aos minerais as características geométricas de cada tipo, a distribuição harmoniosa das cores; os aspectos e as variedades peculiares de cada espécie.

Sob essa ordem previamente esquematizada pela Lei Divina é que opera a consciência instintiva e diretora do reino mineral. Nada é procedido ao acaso, mas existe um método na criação, cujos princípios agora a ciência começa a sentir e desvendá-los, eliminando da velha nomenclatura a mística dos alquimistas. Em cada mineral criado, há outras características observáveis, que por força de valências ou tipos atômicos, conferem-lhe nova qualidade ou propriedade peculiar. Assim, o cobre, além de sua constituição peculiar, é excelente condutor de eletricidade. A prata é sólida e brilhante, mas o mercúrio, embora líquido, é também brilhante à temperatura normal. Aliás, é de senso comum, a considerável diferença que existe entre a pedra-ferro e o petróleo, embora ambos sejam minerais.

---

terra; dirigem o crescimento e a queda das nações, dando a cada uma o que lhe convém da antiga Sabedoria, aquilo que pode ser assimilado".

PERGUNTA: — Há diferença de ação, graduação e capacidade dessa consciência psíquica instintiva, em operação em cada reino da natureza?

RAMATÍS: — Sob o aforismo de que o psiquismo "dorme" no mineral, "sonha" no vegetal, "desperta" no animal, "vive" no homem e "cria" no anjo, é fácil de se verificar como difere essa ação psíquica em confronto com o estado físico e a graduação evolutiva de cada reino da natureza. Há considerável diferença entre a capacidade, poder e resultado progressista da consciência psíquica, que age instintivamente no reino mineral unicamente da forma, em relação ao comando psíquico responsável pela complicada fisiologia do vegetal. Embora se verifique o aspecto estático e a solidez proverbial do mineral, há em sua intimidade um incessante movimento de partículas, cujas velocidades são superiores a 200.000 km/seg.

Igualmente essa diversidade ainda é bem maior entre a ação da consciência psíquica, que atua no reino vegetal, em paralelo com o reino animal, cujas espécies são desligadas do solo, ensaiam as primeiras simbolizações sonoras e já atuam em conjuntos afins e sob o controle das "almas-grupos".

PERGUNTA: — Que devemos entender por "almas-grupos"?

RAMATÍS: — Cada espécie que participa na composição do reino animal constitui-se um "todo vivo", governado por um centro de consciência instintiva, que desde os pródromos da humanidade oriental é conhecida como "alma-grupo". Esse centro psíquico ou "alma-grupo" é então responsável pelas características, temperamento, ações e reações de certa espécie de reino mineral, vegetal ou animal, tão bem definidos e descritos nos compêndios de zoologia terrena. Quanto mais apurada é a alma-grupo de uma espécie de animal, ave, réptil, peixe ou inseto, também os componentes constituem o seu corpo coletivo e mostram-se mais hábeis, adaptáveis ou sensíveis, porque já é maior o fluxo ou a filtragem da sabedoria do seu psiquismo diretor.

Exemplificamos: no mesmo reino animal há o subcomando psíquico que rege a formação, desenvolvimento e progresso dos mamíferos, o qual ainda subdivide-se em novos comandos grupos de raposas, cães, elefantes e outros componentes. Igualmente, outro subcomando psíquico atua nos insetos, que é constituído pelas almas-grupos das borboletas, pulgas, dos gafanhotos, besouros e outros, e assim sucessivamente conforme a escala biológica e mais ou menos de acordo com as tentativas de sistematização zoológica ou fitológica engendradas pelo homem.

PERGUNTA: — Existe alguma diferença nessa nomenclatura de "psiquismo diretor" e "alma-grupo"?

RAMATÍS: — Cada psiquismo diretor é mais propriamente um "campo psíquico" total, que abrange, interpenetra, incentiva, inter-relaciona e aperfeiçoa os reinos mineral, vegetal e animal. Cada reino acima possui o seu "psiquismo diretor" responsável pelas criações e transformações ocorridas neste reino, bem como orienta a sua transposição para outro reino mais evoluído. O psiquismo do reino mineral determina a composição e a configuração de todos os minerais do orbe; o psiquismo diretor do reino vegetal plasmou as inumeráveis espécies pertencentes à flora; o psiquismo diretor do reino animal é o responsável global por todas as espécies zoológicas viventes na terra, no mar e no ar.

No entanto, a alma-grupo é já um comando mais pessoal, mais particularizado, que governa cada espécie. No reino mineral, por exemplo, existe uma alma-grupo para cada tipo de minério; no reino vegetal o psiquismo atua por diversos subcomandos psíquicos, conhecidos por almas-grupos, que regem a espécie pinheiro, pitangueira, orquídeas, carvalho, palmeira, mostarda, repolho ou cedro; e, finalmente, no reino animal, governam as almas-grupos das águias, serpentes, pombas, elefantes, lobos e peixes. E por haver diferença de nutrição e experimentações psíquicas, a alma-grupo de certo tipo de um mineral, uma espécie de aves, ou de animais, ainda pode substabelecer comandos psíquicos menores, com o critério de velar e desenvolver espécies variadas do mesmo gênero. Daí o motivo por que a ciência botânica do mundo classificou, também no reino vegetal, tipos que se afinam por características semelhantes, destacando, assim, maior ou menor compacidade do lenho; tonalidades ou durabilidades; tipos de reprodução e usos, como se diferenciam cientificamente as rosáceas, leguminosas, sapatáceas e outras.

Enquanto o psiquismo diretor comanda e incentiva a vida instintiva do reino vegetal ou animal, a alma-grupo trabalha e governa mais particularmente cada tipo caracterizado à parte, definindo-lhes as propriedades, que cumprem determinada função no esquema global da criação do mundo físico. Como o homem representa a síntese de toda a escala evolutiva, cada homem tem o seu psiquismo representado pelas experiências adquiridas e endereçadas para novas experiências a adquirir.

PERGUNTA: — *Gostaríamos de aperceber melhor o assunto.*

RAMATÍS: — Enquanto a alma-grupo do peixe tipo tainha só consegue proporcionar-lhe a melhor orientação possível para a sua sobrevivência, tão-somente ativando-lhe o instinto de defesa ou fuga, nutrição ou procriação, já a alma-grupo psiquicamente mais apurada da espécie golfinho chega a dar-lhe condições de adquirir nos treinamentos os hábitos que indicam uma inteligência rudimentar. Sob igual diferença, enquanto a toupeira entocada no subsolo ainda cava túneis e simboliza a estupidez humana, o macaco, sob a ação do psiquismo mais avançado de sua alma-grupo, já consegue realizar proezas equivalentes a uma criança na idade pré-escolar.

PERGUNTA: — *Poder-se-ia dizer que alguns animais já são espíritos movendo organismos em aperfeiçoamento para a condição humana?*

RAMATÍS: — Convém subentender que o espírito é já uma individualidade, um centro de consciência particularizada, com a capacidade analítica de sentir-se e saber-se existente por um raciocínio próprio. No entanto, o animal ainda vive e sente através de sua alma-grupo, a qual então poderia ser considerada o espírito global da espécie cão. Assim, todos os cães agem e reagem da mesma forma e entendimento, sem quaisquer ações definidas, ou à parte, que os distingam de sua alma-grupo. Para um cão ou um cavalo agir de modo individual, com características diferentes das que a sua alma-grupo impõe coletivamente, então seria preciso que ele já possuísse alguma substância mental, que é justamente a base fundamental do raciocínio, e, consequentemente, o princípio que permite a elaboração de uma consciência particularizada. Embora o pano de fundo da consciência psíquica coletiva dos reinos e das espécies de seres do mundo, tanto quanto as consciências individualizadas dos homens, seja a própria Consciência de Deus, o nosso intento é esclarecer que na nomenclatura transcendental há perfeita distinção entre o "psiquismo", que é a base da vida espiritual, e o "espírito", entidade já distinguida no tempo e no espaço.

PERGUNTA: — *Que dizeis, então, do organismo carnal do homem?*

RAMATÍS: — O organismo carnal do homem é o refinamento final de todos os "testes" e experiências do psiquismo, após as múltiplas passagens através de todos os reinos da natureza e, especialmente, pelo reino animal, até lograr a metamorfose da consciência humana.

Na figura do macaco, a sabedoria do psiquismo ainda é instinto, que preserva e imita; jamais cria e resolve simples problemas. Falta-lhe a riqueza de simbolização, que é a base do pensamento intuitivo e lógico; também é mínima a substância irrigante dos lobos frontais, o que lhe impede a síntese e análise de conceitos, fundamentos da razão necessária à escalonada humana em direção à linhagem arcangélica.

Em consequência, há uma relação entre a estrutura orgânica e o nível evoluído do ser, em que o êxito de sua manifestação requer uma organização que lhe corresponda às atividades mentais e mesmo espirituais. No entanto, os animais não são espíritos definidos ou entidades conscientes, mas apenas vinculados à alma-grupo governante da espécie, motivo por que as suas ações e reações são peculiares a todos os da mesma espécie.

PERGUNTA: — *Quais seriam alguns exemplos mais concretos?*

RAMATÍS: — Há, por exemplo, uma instintividade única numa alcatéia de lobos, vara de suínos, manada de elefantes, bando de aves, cardume de peixes ou ninho de cobras. Em tal caso, não há fragmentação do psiquismo coletivo ou da alma-grupo que ali atua; mas a reação é semelhante e idêntica em qualquer membro da mesma espécie, seja qual for a situação de defesa ou ataque pela sobrevivência. É o caso dos peixes; a reação de um peixe no oceano Atlântico, Pacífico ou Índico, é exatamente a mesma, só ou em cardumes, porque sob o estímulo global e coordenador de sua alma-grupo, eles só manifestam uma reação coletiva idêntica ou semelhante. A precisão da ação global da alma-grupo nas espécies é tão reconhecida, que "todos" os salmões saltam para as águas mais altas e nadam ao contrário nos rios da América do Norte, na época da desova; "todas" as abelhas constroem os seus favos de mel sob a mesma escala matemática; "todos" os joões-de-barro fazem suas casas contra a tempestade próxima e "todas" as formigas possuem o mesmo instinto de orientação.

Em consequência, para que um lobo, gavião ou peixe manifeste reações diferentes dos demais lobos, gaviões ou peixes da mesma espécie, então seria preciso que o espécime, ou unidade em destaque, já possuísse alguma noção particular de si mesmo e que o fizesse reagir algo diferente do instinto psíquico global de sua alma-grupo. Os animais selvagens manifestam reações uníssonas e semelhantes, em qualquer circunstância de defesa, agressão, nutrição ou procriação, porque todos os membros da mesma espécie constituem uma só vestimenta carnal ou física de sua alma-grupo. Assim, o urso branco dos pólos, ou o urso pardo das florestas africanas, o leão do Saara ou o tigre das matas indianas, a águia dos Alpes ou o condor dos Andes, algo semelhantes, agem de um modo instintivo e de acordo com o comando de sua alma-grupo, malgrado a diferença de latitudes e climas geográficos.

PERGUNTA: — Mas não se verifica, em certos animais e aves, uma certa diferenciação individual, que os faz sobressair na própria espécie?

RAMATÍS: — Quando ainda se trata de espécie selvagem, sem qualquer influência do homem, só lhes atua um instinto global, que os orienta para a conduta mais certa ou busca da sobrevivência. Assim, é de senso comum que, sob a ação de sua alma-grupo, todos os pássaros joão-de-barro constroem seus ninhos em oposição às prováveis tempestades, todas as abelhas fazem as suas colméias, fabricam mel e cultuam a sua rainha, e todas as formigas fazem reservas para o inverno em amontoados formigueiros. Mas tudo isso acontece porque tais animais, aves ou insetos são apenas unidades físicas dirigidas pelo instinto específico do mesmo comando grupal psíquico.

Só depois que os animais ultimam todas as experiências determinadas e coordenadas pela sua "alma-grupo" é que, então, se verificam as primeiras oscilações ou características individuais, as quais delineiam ou esboçam alguma individualização à parte. Sob tal progresso psíquico, já é possível observar-se alguma ação ou reação mais individualizada, em qualquer componente da mesma espécie. Encerrado o curso de instintividade global psíquica, regida pela alma-grupo de certa espécie do reino animal, então se iniciam as primeiras fragmentações ou diferenciações psíquicas no animal ou na ave, o que pode ser desde um princípio de paixão, simpatia ou antipatia, que discrepa dos demais membros do conjunto.[10]

PERGUNTA: — Quais os animais que já poderiam vislumbrar algumas noções de razão, sob o fundamento mental que nos tendes informado?

RAMATÍS: — Atualmente, o elefante, o cavalo e o macaco já manifestam, de modo insofismável, alguns bruxuleios de inteligência, pois podem adquirir, pelo treinamento ou comportamento orientado, diferenças instintivas mais semelhantes às consciências humanas na fase da infância física. Quanto ao afeto quase humano, e, às vezes, mais do que humano, que alguns animais têm demonstrado, superando, por vezes, a própria afetividade do homem ainda tão egoísta, já revelam uma sensibilização fundamental da esfera do sentimento. Os jornais do vosso mundo noticiam, frequentemente, casos de gatos que criam ratos, cães que criam gatos, e até macacos

---

[10] Extraído do cap. I, "A Evolução da Vida e da Forma", de C. Jinaradasa, da obra *Fundamentos da Teosofia*: "Da mesma maneira que um organismo individual é uma unidade num grupo mais vasto, também a vida que se oculta no íntimo desse organismo faz parte de uma alma-grupo. Por trás dos organismos do reino vegetal há a alma-grupo vegetal, reservatório indestrutível das forças vitais que se tornam de mais a mais complexas, edificando formas vegetais. Cada uma das unidades de vida dessa alma-grupo, quando aparece na Terra num organismo, vem provida da soma total de experiências adquiridas por toda a alma-grupo com a construção dos organismos precedentes. Cada unidade, pela morte do organismo, volta à alma-grupo e lhe traz, como contribuição, o que adquiriu em capacidade de reagir, conforme os métodos novos, às excitações exteriores. Verifica-se o mesmo no reino animal; cada espécie, cada gênero, cada família tem o seu compartimento especial na alma-grupo coletiva".

que criam ursos ou filhotes de tigres. Inúmeros casos foram demonstrados de afeto incomum do animal pelo seu dono. O exemplo típico é o caso do cão que se recusou a abandonar o túmulo do genial compositor Mozart, preferindo ali morrer de inanição. Deve ser do vosso conhecimento, pelo noticiário dos jornais ou revistas, dos cavalos que já demonstram uma maior capacitação intelectiva por assimilarem com facilidade e correção os hábitos ensinados pelos seus donos, efetuando cálculos de aritmética. Há, mesmo, alguns cavalos que sabem marcar, pelas batidas das patas, as letras que os seus treinadores escrevem no quadro-negro.[11]

PERGUNTA: — Poderíeis dar-nos alguns exemplos mais objetivos, quanto ao processo de diferenciação dos animais da mesma alma-grupo, quando demonstram certa individualização após domesticados?

RAMATÍS: — Uma ninhada de lobos, por exemplo, que nasce no ambiente civilizado do homem, desvincula-se, pouco a pouco, do comando rígido e psíquico de sua alma-grupo, pelos novos estímulos, iniciativas e disciplinas próprias da vivência humana. Os membros da mesma ninhada principiam a reagir de modo mais individual, entre si, embora apagadamente, mas sob a influência cotidiana dos seus donos e dos demais componentes do ambiente onde vivem. É de senso comum que um cão maltratado por um dono irascível, violento e cruel, há de modelar uma atitude particularizada, bem diferente do cão que vive acariciado no colo da criança amorosa. O carinho ou castigo, a tolerância ou despotismo, o tratamento afetivo na enfermidade ou a negligência na doença do cão domesticado, influi fortemente nos seus hábitos. O próprio alimento mais condimentado, quente ou frio, cozido ou cru, desperta no animal reações, defesas e recursos metabólicos bem diferentes dos costumes coletivos.

Sob a força do domínio do homem, em face de sua inse-

---

[11] A exemplo dos famosos cavalos brancos da França – Considerando-se que os cavalos principiam a demonstrar algo diferente do simples instinto, aproximando-se aparentemente do raciocínio humano, é evidente que, em face da febre atual de matadouros de cavalos por força da excessiva ambição de lucros dos homens, torna-se um canibal quem come carne desses consagrados amigos do homem. Se o cavalo começa a se individualizar, comê-lo já é antropofagia.

gurança num meio estranho à sua índole selvática, onde lhe cerceiam todo impacto instintivo e de sobrevivência natural, o lobo domesticado é obrigado a mobilizar recursos novos, muito além da costumeira ação cômoda de sua alma-grupo. O velho lobo, valente, feroz, livre e guiado instintivamente para solucionar, da melhor maneira, as suas necessidades biológicas, então se transforma à semelhança do cão surrado, exaurido e temeroso, pois perdeu parte de sua característica instintiva, modelado pelo treinamento compulsório do homem, num tipo dócil e obediente, diferente de sua espécie original.

PERGUNTA: — *Como poderíamos aperceber-nos melhor desse fato?*

RAMATÍS: — O animal selvagem é só violência e agressividade em defesa da prole e da própria vida, e que, após o cio, costuma acomodar-se com certa tranquilidade. Sob a força ativadora de sua alma-grupo, tanto as feras como as aves enxotam os filhos já crescidos para além do ninho ou da cova em que nasceram. Isto é instinto global e único de todas as unidades da mesma espécie ou raça. Mas, pela vivência junto ao homem que lhe controla as tendências primitivas, sob a amenidade do meio ambiente mais refinado, o instinto feroz tende a se amansar e a violência enfraquece. Assim, o lobo selvagem, depois de domesticado, vive mais tempo com sua prole e perde o instinto atrabiliário de a enxotar, confiando nas facilidades proporcionadas pelo auxílio do homem, criando, assim, um novo comportamento que o distingue visivelmente dos hábitos dos de sua raça ainda selvagem.

Quando perseguidos nos lares mal constituídos e dominados pela violência, apedrejados ao furtar a carne para o seu alimento, enxotados a paus e pedras, repudiados na asma brônquica, no eczema, sarna ou tuberculose e, ainda, sujeitos à alimentação imprópria quente e cozida, temperada e tóxica, os animais domésticos, cães e gatos, e até cavalos, deixam perceber a angústia e a intranquilidade de viverem junto do "rei da criação", o homem feito à imagem de Deus. Mas, mesmo assim, sob o guante da dor e do sofrimento apuram o psiquismo e apesar de toda essa amargura e maus-tratos, os animais domésticos também principiam a despertar os primeiros bruxuleios ou alvorada do sentimento, ante a necessidade de melhor adaptarem-se às condições adversas, problemáticas e às surpresas da vida domesticada.

PERGUNTA: — Supomos que não existem fronteiras, ou linha divisória definida, entre os diversos reinos da natureza; não é assim?

RAMATÍS: — Há uma incessante e sucessiva evolução do reino mineral até o reino hominal. Em cada reino observamos uma graduação que vai do mais simples ao mais complexo; do menos organizado ao mais organizado; do menos sensível ao mais sensível, demonstrando os diversos graus evolutivos e a passagem gradativa de um a outro reino.

Sem qualquer foro de romantismo, lembramos que sempre há um vínculo oculto e transcendente, que atua na intimidade da vida, com a finalidade de dirigir as forças criativas embelezando e aperfeiçoando todas as manifestações e expressões do Universo. Assim, a beleza da cor encontrada na forma das pedras preciosas, como safira, esmeralda, ametista, rubi ou topázio, após a longa experimentação da consciência psíquica no reino mineral, evolui manifestando-se mais livre na variedade caleidoscópica dos incontáveis tipos de flores. E as flores, vivas e perfumadas, a bailar nas hastes dos vegetais, lembram pedras preciosas irrequietas. Mas ainda parece ocorrer novo triunfo da natureza, quando as irisadas borboletas, em jubilosa liberdade, simbolizam as próprias flores desobrigadas da limitação das hastes dos vegetais. E, porque o homem talvez sinta que há uma eterna efusão de beleza em todas as formas do mundo, sob a ação íntima do psiquismo criador, a própria poesia terrena lembra algo das pedras preciosas num sentido mais elevado, quando descreve a mulher bonita com olhos de safira, esmeralda ou topázio, ainda emoldurada pelos lábios de rubi.

PERGUNTA: — Consoante as vossas explicações, o psiquismo aprende na vivência com as formas do mundo físico, ou as formas do mundo são as manifestações do próprio psiquismo?

RAMATÍS: — Já vos dissemos que o psiquismo é que plasma as formas do mundo, assim como o cientista não evolui sob a ação das formas do laboratório, mas o laboratório é sua criação e o ensejo de ele progredir no manuseio das substâncias em experimento. O psiquismo é que elabora todas as formas do mundo físico e intervém nessa atividade morfológica criativa, efetuando experiências e promovendo iniciativas para o incessante aperfeiçoamento da própria Criação. Tudo evolui e tudo se transforma em expressões mais apuradas, donde se justifica o próprio postulado de Leibniz, em que "nada se cria nem se perde, mas tudo se transforma". A pedra sublima-se no vegetal, o vegetal no animal e o animal no homem. Por isso, a tartaruga já lembra uma pedra que nada; há borboletas, insetos e répteis que, pelo conhecido fenômeno de mimetismo, ainda são verdadeiros ramos de plantas ou cascas de árvores. O gafanhoto verde se confunde com uma folha que voa, a cascavel lembra o cipó rastejando e o sapo, um punhado de lodo que salta do solo. Onde termina um reino inicia-se o seguinte, mas intimamente ligados por uma consciência psíquica, que opera instintivamente no âmago de todas as espécies e objetivando sempre o apuro e a beleza da forma.

PERGUNTA: — Poderíeis expor-nos outras noções dessa sabedoria psíquica inata, em sua atuação no reino animal?

RAMATÍS: — Em verdade, o que se presume natureza é simplesmente a manifestação da sabedoria do psiquismo, que não atua ao acaso, mas cria, coordena, orienta e aperfeiçoa as espécies de todos os reinos sob a sua responsabilidade.

Ela é que ensina as abelhas a construírem a sua colméia, sob os princípios mais avançados da matemática, ou a aranha a tecer a sua teia, desafiando a própria engenharia humana, ante o critério do emprego de massa, peso e extensão. Mas, simultaneamente, indica às abelhas os meios de defesa contra os insetos invasores da colméia, inclusive a produção de substância antisséptica para evitar a deterioração do mel, assim como instrui a aranha a caçar para sobreviver. As diferentes manifestações de vida das aves, dos insetos, animais e répteis nos demonstram que essa natureza tão providencial não passa de uma inteligência sideral; um psiquismo sábio, que promove a mobilização de recursos de motricidade, instinto defensivo, e da estratégia, que se completam pela riqueza dos meios de ataque e proteção.

Aqui, revela-se a admirável mecânica na elaboração e no fabrico dos chifres, bicos, dentes, unhas, ferrões e garras; ali, essa engenharia calcula com precisão a envergadura das asas de cada inseto ou ave, promovendo hábil distribuição do seu peso equitativamente à suportação aérea, velocidade e segurança de pouso; a técnica da eletricidade está presente nos centros captadores e receptivos, comprovada através das antenas das formigas, dos besouros e de outros mil tipos de insetos; o "radar" tão surpreendente é privilégio do morcego muito antes do homem, o qual usa o sonar da ponta dos dedos como um submarino moderno. Por outro lado, os choques, as descargas do poraquê e das enguias paralisam a presa, facilitando a luta pela vida através dos recursos elétricos da pesca. A arte química da luz revela-se na fosforescência dos vagalumes, das algas e, mesmo, de outras espécies; as sínteses tóxicas são processo comum das aranhas, escorpiões e cobras, que gozam do direito de fabricar o seu próprio veneno, como respeitável recurso de defesa.

É por isso que o homem nada inventa de original, mas apenas descobre em sua faina racional o que a própria natureza já compôs e providenciou numa manifestação aparentemente eventual ou intuitiva, porém, profundamente sensata, inteligente, produtiva e, sobretudo, diretiva.

PERGUNTA: — E quais seriam alguns exemplos do reino vegetal?

RAMATÍS: — Sob o aspecto de generosa providência na continuidade das espécies, essa sabedoria do psiquismo modela nas plantas os órgãos que as firmam no solo ou nas paredes e produz os espinhos, verdadeiras garras que ferem protegendo certas flores contra os impulsos alheios de destruição; orienta o vegetal, nos fenômenos de tropismo, em que os caules heliotrópicos orientam-se para o Sol, as raízes geotrópicas infiltram-se na terra ou os tipos hidrotrópicos buscam a água. Ainda dissemina o pólen das flores numa patente demonstração de preocupação pela continuidade da mesma espécie; ora os depositando nas patinhas dos insetos; ora espargindo-os ao mais leve tocar no dorso dos animais ou nas asas das aves; ora mesmo no caldo dos frutos, transformando todos os seres em novos semeadores das espécies que devem sobreviver. Num admirável sistema, as flores destacam-se pelo fascínio da cor, pela produção de perfume embriagante e atrativos, cujo objetivo é despertar a atenção de novos propagadores do pólen, sempre com a finalidade criadora. As espécies carnívoras também usam destes artifícios e assim prendem os insetos imprudentes para a sua alimentação.[12] Finalmente, após terminar suas experiências desde o reino mineral até o reino hominal, a Consciência Psíquica, cada vez mais evoluída e capacitada em sua sabedoria instintiva, então finda a peregrinação evolutiva global, para atuar de modo mais particular no homem, no controle do complexo metabolismo, que a própria ciência ainda não conseguiu desvendar em toda a sua plenitude "psicofísica".

PERGUNTA: — *Que nos dizeis dessa ação instintiva e controladora da Consciência Psíquica no metabolismo do homem?*

RAMATÍS: — Sob o invólucro exterior do homem, permanece esse gênio invisível da sabedoria do psiquismo, ignorado ainda pelos mais abalizados cientistas do mundo, que julgam "a priori" a inexistência de Deus, mas também não sabem encontrar outra solução da vida além dessa primária negativa humana. Após a multimilenária experiência pelos reinos da natureza, a sabedoria pisíquica atua na intimidade humana, ali manifestando o seu conhecimento e habilidade, adquirida através de todos os reinos da natureza. Então, faz crescer cabelos, unhas, dentes, ossos, nervos, músculos; fabrica linfa, sangue, hormônios, fermentos, bílis, insulina, sucos gástricos, providencia a drenagem renal e filtração hepática, a produção de enzimas, ativa o peristaltismo do intestino, regula a pressão da vesícula, ou controla a portinhola do piloro. Substitui as células e os tecidos gastos, extermina e desintegra os eritrócitos envelhecidos no baço, queima o excesso de glicose, exerce ação terapêutica, cicatrizante e antisséptica,

---

[12] O comando psíquico do reino vegetal, por exemplo, através de entidades conhecidas na maioria das lendas terrenas, como os gnomos, salamandras, silfos, fadas e elementais, vitaliza, coordena e aperfeiçoa as incontáveis espécies de plantas, árvores, flores, ervas ou frutos para fins cada vez mais sublimes. No entanto, são entidades que obedecem a planos inteligentes traçados pelos espíritos responsáveis pelo progresso do reino vegetal, em concomitância com o reino mineral. (N. de Ramatís.)

ante o primeiro ferimento mesmo ignorado pelo seu portador. E tudo isso é efetuado sem o conhecimento consciente do homem, e que assim não se atrapalha em suas atividades cotidianas. Ele movimenta-se pelas ruas das cidades, enquanto na intimidade o gênio psíquico trabalha produzindo, controlando, retificando e, acima de tudo, aperfeiçoando a maravilhosa armadura humana que veste o futuro anjo.

PERGUNTA: — *Finalmente, quereis dizer que o homem é o produto final ou resultado superior da ação do psiquismo, através dos reinos da natureza, ou seja, da metamorfose incessante das espécies inferiores em elaborações superiores?*

RAMATÍS: — Realmente, a Natureza Divina despende milhões e trilhões de anos, a fim de elaborar a maravilhosa maquinaria carnal, que, então, serve para o espírito individualizado organizar a mente humana e se manifestar educativamente nos planetas, que funcionam à guisa de estabelecimentos pedagógicos. A matéria sublima-se até organizar o corpo físico, resultante de um labor minucioso e adequado à vida de relação e comunicação do homem. É organização produto de longa e seletiva pesquisa em todos os reinos da chamada natureza, os quais funcionam à guisa de verdadeiros compartimentos laboratoriais das operações experimentais e criativas, desde o protozoário ao animal, do homem ao arcanjo.

Em verdade, o percurso é fastidioso e quase imperceptível, até que o minério bruto, passando pelo laboratório vegetal, termina a modelação de uma vestimenta carnal compatível para um Cristo-Jesus. Mas no convencionalismo de tempo e espaço, ainda é mais longa e fatigante a senda para a centelha espiritual do homem despertar a sua responsabilidade consciente e criativa no seio do Universo. Jamais a mente humana poderá aquilatar a escadaria infinita, que toda alma deve percorrer até a metamorfose indescritível do ser humano à condição de arcanjo das galáxias.

Quem poderá definir e avaliar, em medidas compreensíveis à mente humana, o caminho percorrido pelo binômio "alma-corpo", da sensação à irritabilidade, da irritabilidade ao instinto, do instinto à inteligência humana, da inteligência humana à sabedoria angélica, através dos incontáveis "Manvantaras" ou "Grandes Planos", que abrangem a criação e o desfazimento dos universos físicos?

Átomo por átomo, molécula por molécula, célula por célula, organizam-se os sistemas solares e, de auscultação em auscultação, experiência em experiência, incessantemente repetidas e recapituladas, o psiquismo, após interpenetrar o Universo e subdividir-se por todos os orbes e reinos do mundo, em frequências ajustadas aos mais variados fenômenos, tece e modela novos deuses, numa apoteose criadora, aumentando eternamente a corte do Magnânimo Senhor e Autor da Vida.

Os Engenheiros Siderais e o Plano da Criação

PERGUNTA: — Qual a ideia que poderíamos fazer dos Engenheiros Siderais e de suas atividades?

RAMATÍS: — Os Engenheiros Siderais são entidades espirituais de elevada hierarquia no Cosmo, as quais interpretam e plasmam o pensamento de Deus na forma dos mundos e de suas humanidades. Através da ação dinâmica do Verbo — que podeis conceituar como pensamento "fora de Deus" — aquilo que permaneceria em condições abstratas na Mente Divina revela-se na figura de mundos exteriores. Embora saibais que o pensamento puro do Onipotente é o princípio de todas as coisas e seres, pois "no princípio era o Verbo, e o Verbo estava com Deus, e o Verbo era Deus", como elucida João Evangelista, existem os elos intermediários entre o "pensar" e o "materializar" divino, que se constituem de leis vivas, operantes e imutáveis, que dão origem à matéria e à energia condensada. Esses conjuntos e leis vivas são os Engenheiros Siderais ou espíritos arcangélicos, que apreendem o pensamento divino e o revelam no plano denso da Criação, proporcionando até a vida microscópica, para formação das consciências menores. Essas entidades, que os iniciados conhecem desde os pródromos da Atlântida, são dotadas do poder e da força criadora no "sexto plano cósmico", no qual se disciplina a primeira descida dos espíritos virginais a caminho da matéria, através das sete regiões da ascensão angélica. Como os mais altos intermediários do pensamento incriado do Absoluto, até se plasmar a substância física, os

Arcanjos Siderais consolidam os mundos e os alimentam em suas primeiras auras constelares ou planetárias, assim como as aves aconchegam os seus rebentos sob o calor afetuoso do amor materno. Todas as formas de vida estão impregnadas dos princípios espirituais; tudo tem alma e tudo evolui para estados mais sublimes, desde o elétron que rodopia no seio do átomo até às galáxias que giram envolvidas pelos poderosos "rios etéricos", que as arrastam como paina de seda ao sabor da corrente líquida. "Assim como é o macrocosmo, assim é o microcosmo" — reza a tradição espiritual desde os primórdios da consciência humana.

A separação é grande ilusão, uma aparência própria da ignorância humana, que está situada nos mundos materiais, pois o sonho de ventura é um só para todos!

Os Engenheiros Siderais, ou Arcanjos da mais alta hierarquia cósmica, como entidades superplanetárias, ainda condensam e avivam o espírito descido até o microcosmo e ativam-lhe a dinâmica ascensional.

PERGUNTA: — Poderíeis descrever-nos a figura dessas entidades superplanetárias?

RAMATÍS: — Impossível é descrevê-las em sua exata estrutura e morfologia sideral, porque na forma do vosso mundo não há qualquer ideia ou vocábulo capaz de identificá--las, como espíritos cujas auras se extravasam além dos orbes ou das constelações a que dão forma, ao mesmo tempo que presidem à ascensão de todas as coisas e seres para a ventura eterna. Talvez fosse possível à gota de água descrever o seu mundo, que é o oceano, por encontrar-se ainda ligada ao meio líquido; no entanto, teria de fracassar lamentavelmente se lhe pedissem que descrevesse o espírito do oceano!

PERGUNTA: — Qual seria uma ideia aproximada, para entendermos como esses Engenheiros Siderais, ou Anjos Planetários, operam na figura de intermediários entre Deus e os mundos físicos?

RAMATÍS: — Esforçando-se para que chegueis a uma compreensão aproximada do seu modo de agir desde o potencial do Pensamento Original Divino, pedimos que simbolizeis Deus, o Absoluto que é a Fonte Máxima de energia do Cosmo, em algo semelhante a uma usina central, da Terra, que produz carga elétrica primária e virgem, em alta tensão, num potencial de 50.000 volts. É óbvio que, em virtude da multiplicidade de aparelhamentos heterogêneos que vivem na dependência desse potencial energético, há necessidade de ser a corrente elétrica graduada na voltagem adequada à exigência restrita de cada coisa ou objeto. O modesto fogareiro doméstico, que se contenta com apenas 110 volts, não suportaria o potencial de 50.000 volts; mesmo os motores de 220 ou mais volts fundir-se-iam sob o impacto direto da força produzida pela usina central. No entanto, a técnica humana construiu complexo e extenso aparelhamento que, na figura de condensadores e transformadores, interpõem-se entre a usina e o fogareiro doméstico, abrandando pouco a pouco a poderosa corrente virgem, de 50.000 volts. Movem-se então, sem perigo de danificação, desde os poderosos motores das indústrias gigantescas até o modesto motor de máquina de costura, cada um contemplado com a sua cota de energia útil e suportável.

Indubitavelmente, os transformadores que se colocam sob os primeiros impactos, na alta voltagem da usina produtora, também devem possuir maior capacidade de suportação e de receptividade, a fim de não desperdiçarem o potencial mais vigoroso e poderem graduá-lo como energia de baixa tensão. Sob essa disposição preventiva da técnica humana, operam-se duas soluções inteligentes e lógicas: — economia de força, aplicada só ao gasto necessário, e a suportação exata na conformidade receptiva de cada elemento eletrificado. É óbvio que o modesto aparelho elétrico, de barbear, ignora a complexa multiplicidade de operações que o antecederam no curso da energia, reduzindo-se até à modesta cota de força para mover sem perigo o seu delicado maquinismo! Assim também ocorre convosco: ignorais, na realidade, a complexidade de consciências e de valores espirituais que se enfileiram no Cosmo, absorvendo e reduzindo o "potencial virgem" do Criador, para que o vosso espírito se situe na percepção consciencial humana e possa recepcionar o "quantum" exato de luz que deve alimentar-vos o psiquismo e a noção diminuta de "ser" ou de "existir". Assemelhai-vos ao singelo aparelho de barbear, que vive um mundo de emoções com apenas 110 volts de energia elétrica, e ignora o abrandamento dos 50.000 volts, que a usina produz para verdadeira corrente de sua vida mecânica.

Também viveis a sensação de uma "consciência total", apenas com um modesto sopro de energia cósmica, mas comumente ignorais a assombrosa Usina Divina, que é verdadeira fonte criadora do potencial do vosso singelo viver humano! Assim como o modesto aparelho de barbear se fundiria sob uma carga potentíssima além de sua capacidade mecânica, os vossos espíritos desagregar-se-iam, retornando à fusão no Cosmo, se fossem submetidos diretamente ao potencial virgem e poderoso da consciência criadora da Vida, que é Deus! A alma deve crescer conscientemente em todos os sentidos cósmicos, a fim de desenvolver a sua capacidade e suportar a progressiva voltagem de energia transmitida pelos transformadores Arcangélicos, que lhe sucedem indefinidamente em potencial cada vez mais alto.

PERGUNTA: — *Como poderíamos assimilar a ideia de esses espíritos "condensarem" e "avivarem" o próprio potencial de Deus, na recepção da Luz mais alta para o alcance da consciência humana?*

RAMATÍS: — Embora as imagens do mundo físico não satisfaçam a quem precisa explicar a realidade do que é sem forma, podemos figurar os Arcanjos Construtores como "Divinos Condensadores" que se interpõem entre a Luz Máxima, refulgente, de Deus, e a graduam pouco a pouco para a razão do homem, através de suas próprias consciências hemisféricas, galáticas, constelares, planetárias e mesmo as que operam no comando dos quatro elementos da matéria, nos reinos, continentes e raças humanas. A série hierárquica dessas entidades, que agrupam em si mesmas o potencial mais alto e depois o transmitem à faixa vibratória mais reduzida em suas próprias auras conscienciais, é que permite logicamente o crescimento e a ascensão dos vossos espíritos para a sublime angelitude. Essa indescritível e sucessiva redução arcangélica, do alto potencial de Deus, identifica tradicionalmente a "grande descida" do macro ao microcosmo, quando Deus está manifesto tanto na probalidade de onda do elétron como nas galáxias estelares.

PERGUNTA: — *Podeis dar-nos um exemplo mais acessível à nossa mente humana, acerca do que seja um Arcanjo Solar?*

RAMATÍS: — O Sol do vosso sistema planetário é o local exato em que atua a consciência do Arcanjo, Engenheiro, Construtor ou Logos do Sistema Solar, que é o Alento e a própria Vida de todo o conjunto de seus planetas, orbes, satélites ou poeiras siderais, inclusive os seres e as coisas viventes em suas crostas materiais. Esse Logos não se situa, com o seu sistema Planetário, num local ou latitude geográfica do Cosmo; o que o distingue principalmente é o seu estado espiritual vibratório, inacessível ao entendimento humano. O homem ainda concebe o "alto" e o "baixo", ou o "puro" e o "impuro", quando só existe uma Unidade Cósmica, indescritível, visto que não há outra Unidade ou outro Deus para termo de comparação. O Espírito, Arcanjo ou Logos Solar, do vosso sistema, está presente e interpenetra todo o campo do sistema solar que emanou de si mesmo, em harmoniosa conexão com as demais constelações e galáxias que se disseminam pelo Cosmo e que, por sua vez, são presididas, respectivamente, por outras consciências arcangélicas, e que formam progressivamente a inconcebível humanidade sideral. Desde o astro solar até à órbita mais distante do vosso sistema, a consciência arcangélica se estende em todos os sentidos e coordena todas as ações que ocorrem nesse campo de vida, constituído de orbes e humanidades, e sob a supervisão excelsa da Mente Divina. Através do oceano etérico concentrado pela sua Consciência Mental, e que banha e interpenetra também as fímbrias dos átomos dos mundos que condensou em si mesmo, o Logos do sistema solar também atua na consciência dos outros Arcanjos menores que corporificaram os planetas e os governam em espírito. Dificilmente podereis conceber a operação harmônica de uma consciência solar, quando comanda instantaneamente as humanidades que palpitam sobre a Terra, Marte, Júpiter, Saturno e outros mundos que apresentam os mais variados matizes conscienciais. O Logos Solar é o condensador sideral que absorve o elevado energismo demasiadamente poderoso da Mente Divina e retém em si mesmo o "quantum" sideral inalcançado pelos espíritos menores. Ele materializa, na forma de um sistema planetário e viveiro de almas sedentas de ventura, uma das peças componentes da engrenagem cósmica, que faz parte de um Grande Plano ou do conhecido "Manvantara" da tradição oriental.

PERGUNTA: — Como poderíamos entender melhor o fato de a consciência do Logos Solar estender-se pelo sistema planetário e operar no núcleo solar?

RAMATÍS: — Lembrai-vos de que o corpo físico é apenas o prolongamento ou instrumento de ação do espírito, mas não representa a sua consciência real; esta atua pelo cérebro, porque este é a porta de entrada do mundo oculto para o físico. O homem-carne é somente a emanação de sua consciência espiritual, que o aciona através do plano mental e etereoastral. Não é o volume ou a extensão do corpo humano que identifica o modo de pensar e de agir da consciência espiritual, a qual sempre preexiste e sobrevive à desintegração material. Se não fora assim, uma criatura com 150 quilos de peso teria consciência mais vasta que a do anão de 80 centímetros de altura, quando geralmente é o inverso, pois o gigante comumente se debilita no campo mental.

No dizer dos antigos do vosso mundo, "a alma está presa ao cérebro por um fio"; assim, quando se corta esse "fio" da vida é que o espírito se sente realmente na plenitude da sua consciência. O sistema de globos, satélites e asteróides, em torno do Sol, significa também o corpo "astrofísico" do Arcanjo Solar; mas a sua consciência espiritual é independente da maior ou menor extensão desse sistema planetário, que é apenas o prolongamento ou a sua emanação, assim como o corpo físico é o instrumento do espírito humano reencarnado na Terra. O Logos Solar interpenetra todo o cortejo da vosso sistema, e vós viveis mergulhados na sua Essência Imortal, assim como ele também se situa intimamente na aura de outro espírito imensurável que, sucessivamente, se liga a outro, até cessar o poder conceptual em Deus, que é a última e absoluta Consciência Universal.

O refulgente Arcanjo Solar do vosso sistema situa o seu comando no núcleo do Sol, porque este é, na realidade, o centro "astrofísico" do sistema, do qual emanam todas as ações e providências necessárias para o governo dos mundos e das humanidades em evolução. A sua aura abrange todo o sistema, desde o protozoário na gota de água, até os orbes rodopiantes. Vós vos nutris nele e também materializais a sua vontade na matéria, tal como se revitalizam as coletividades microbianas, que se renovam no vosso corpo.

Mas o Logos Solar é uma entidade viva, pensante e que progride; inconcebivelmente mais viva do que qualquer um dos mais evoluídos seres do vosso sistema, assim como sois superlativamente mais vivos do que qualquer um dos micróbios que habitam qualquer uma das moléculas do vosso fígado!

Assim como a vossa alma, através dos seus veículos mental, astral, etérico e físico, coordena, ajusta e comanda toda a rede atômica do corpo humano perecível, o Arcanjo Solar é o espírito que faz a conexão perfeita entre todos os liames de ação e de vida na sistema solar que habitais.

PERGUNTA: — Esses Arcanjos, ou Engenheiros Siderais, são em número limitado no Cosmo, e previamente designados para essa função sideral, inconcebível para nós?

RAMATÍS: — Se imaginardes o vosso corpo físico como sendo a figura de Deus, podereis perceber que a consciência e a luminosidade áurica de um Arcanjo Sideral é, relativamente, do tamanho da aura radiante do núcleo de um átomo do vosso corpo, em torno do qual giram os elétrons como planetóides microcósmicos sobrecarregados de humanidades microbianas.

PERGUNTA: — Ao vos referirdes a essas entidades "superplanetárias", quereis dizer que a Terra, por exemplo, é apenas o corpo material e visível de um espírito ou Engenheiro Sideral?

RAMATÍS: — É mister não esquecerdes de que "corpo sideral" difere muito de "consciência sideral", assim como o vosso corpo não é exatamente a soma do vosso espírito, mas apenas o seu prolongamento. Se se desfizer um planeta, num sistema que signifique o corpo de um Arcanjo Sideral, será como o homem que perde os seus cabelos, unhas e mesmo pernas, braços e lhe extraiam órgãos, sem que ele fique reduzido em sua consciência. Há que não raciocinardes "ao pé da letra", porquanto vos estamos exemplificando dificultosamente, sob comparações que alteram profundamente a realidade íntima do assunto. Deus, como o Espírito Criador do Cosmo, realmente deve considerar que os mundos emanados de si são como o seu próprio corpo físico. Em consequência, simbolizai o Onipotente como sendo uma infinita esfera translúcida, pejada de mundos e orbes, que flutuam disciplinadamente em seu seio; considerai que essa esfera translúcida e infinitamente ilimitada pode ser dividida mentalmente em duas partes exatas: hemisfério Norte e hemisfério Sul da esfera Deus. Embora Deus continue integralmente em toda a Esfera Infinita, essa simples divisão conceptual, em dois hemisférios, implica em se perceber imediatamente a necessidade de dois novos comandos espirituais — duas novas consciências na figura de dois "condensadores" siderais que devem, então, graduar o altíssimo potencial e a ilimitada energia de toda a esfera, a fim de situar as cotas correspondentes a cada hemisfério, que passa a ter vida à parte, embora sem sair de Deus. Surgem, portanto, os dois Arcanjos Hemisféricos Siderais, que a vontade de Deus situa consciencialmente abaixo de sua Vontade Infinita, e que atenderão a todas as necessidades da nova vida em agitação nesses hemisférios da Esfera Divina.

Desde que nessa alegórica concepção continueis subdividindo mentalmente cada hemisfério, percebereis, obviamente, que de cada Arcanjo desses hemisférios subdividem-se duas consciências menores, às quais eles também transmitem a sua vontade e poder criador, mas abrangendo-as sempre, porque são criações consciênciais de si mesmos. Nessa suposta ordem decrescente e redutora, em que a Fonte Máxima de Energia, que é Deus, desce vibratoriamente e vai compondo novas consciências, cada vez menores, sem que por isso fique fora delas, terminareis compondo as galáxias, os sistemas solares, os orbes, satélites, asteróides e poeiras siderais, nos quais tereis que reconhecer a graduação respectiva de subsequentes consciências espirituais, que comandam e coordenam, em ordem decrescente, mas que sempre obedecem hierarquicamente, à imediata vontade mais alta. É óbvio, pois, que a Terra é também a forma visível de uma vontade espiritual, que a comanda no seu campo interior e a criou sob o ritmo da Vontade maior, descida do Pai, através dos seus prepostos que afloram cada vez mais à forma exterior. Há uma Vontade Diretora, que situamos muito além das galáxias mas que, devido à escadaria espiritual decrescente, atinge até o agitar do elétron atômico, animando-o de tal inteligência e equilíbrio, que ele cumpre a sua missão como um despertador de energia microcósmico.

PERGUNTA: — *Afora essa concepção puramente mental, qual é a realidade indiscutível?*

RAMATÍS: — A indiscutível realidade é esta: todas as galáxias possíveis de serem evocadas em vossas mentes formam o corpo de um Arcanjo que, por sua vez, coordena harmonicamente os Arcanjos de cada galáxia; em cada uma delas, o seu Arcanjo controla os sistemas solares e seus orbes, e o Arcanjo dos sistemas solares disciplina e provê cada sistema sob a sua direção mental e espiritual, enquanto cada Arcanjo ou Logos Solar materializa e alimenta a substância e os orbes do seu sistema. Em consequência, a Terra, Marte, Júpiter, Mercúrio, Saturno ou qualquer satélite menor de um desses orbes é, também, o corpo visível do Espírito Planetário, que é o verdadeiro coordenador das necessidades dos reinos, seres e coisas ali existentes.

Cada orbe possui o seu Arcanjo Planetário e é apenas uma "vontade espiritual" arcangélica, materializada exteriormente e ligada ao infinito rosário de outras vontades maiores, que se fundem na Vontade última, que é Deus. Os Engenheiros Siderais são os "reveladores", na forma tangível, daquilo que preexiste eternamente no mundo interior, mental e virgem de Deus; são intermediários submissos e operantes entre essa Vontade Absoluta e Infinita, para fazê-la pousar até nas rugas das formas dos mundículos microcósmicos! Eles sustêm em suas auras imensuráveis a consciência física dos mundos e a consciência somática espiritual de cada humanidade. Cada uma dessas Consciências Arcangélicas, que abrange um orbe, sistema solar ou galáxia, "sabe" e "sente" quais as necessidades evolutivas das humanidades ali existentes, assim como a vossa consciência, situada no cérebro físico, sente todas as carências do vosso corpo e providencia-lhe os socorros para a sobrevivência física. Há, então, um intercâmbio incessante entre as consciências menores, situadas nos reinos inferiores, e as maiores, que interpenetram sistemas e galáxias, sob a vigilância e a coordenação da Consciência Infinita e Eterna de Deus!

É por isso que o provérbio popular costuma dizer que "não cai um fio de cabelo, sem que Deus o saiba", e Jesus dizia: "todos os cabelos de vossas cabeças estão contados". Muitas criaturas abandonam-se à intuição e confiam plenamente na providência divina porque sabem que, realmente, através da escadaria infinita de consciências graduadas, no Cosmo, a mais sutil aspiração humana consegue sua realização, de conformidade com o seu merecimento espiritual.

PERGUNTA: — *Poderíamos considerar Jesus como o Arcanjo Planetário da Terra, uma vez que é a maior entidade descida ao nosso orbe?*

RAMATÍS: — Jesus não é Arcanjo, mas sim um Anjo, o que difere muito entre si, pois o Anjo ainda pode atuar no mundo humano — simbolizado nos sete degraus da escada de Jacó que fica logo abaixo do mundo divino, no qual cessa para os Arcanjos toda possibilidade de ligação direta com as formas físicas das moradas planetárias. Jesus, na realidade, é a mais Alta Consciência Diretora da humanidade terrena, mas não do planeta Terra, porque ainda permanece, diretamente, em contacto psicofísico com as consciências terrícolas. Ele é o Elo Divino e o mais lídimo representante de aspecto humano que se liga diretamente à Sublime Consciência do Arcanjo Planetário da Terra. O Comando Sideral do sistema solar atua no Arcanjo do planeta Terra e este na imediata consciência espiritual abaixo de si e em condições receptivas para senti--lo e cumprir-lhe a vontade no mundo físico. É justamente o insigne Jesus a Magnífica Consciência capacitada para sentir o Espírito do Planeta Terráqueo, porquanto o Mestre, além de ser o Governador Espiritual de vossa humanidade, participou também da Assembléia Sideral de quando o Arcanjo mentalizou os planos preliminares para a formação do vosso orbe, em conexão perfeita com os projetos maiores do Arcanjo ou Logos Solar do sistema.

A jurisdição de Jesus assemelha-se a sublime janela viva, que se abre na forma material, para que o Arcanjo Planetário "veja" e "sinta" o que deve providenciar no seu interior espiritual, para atender à progressiva eclosão das consciências humanas, que se delineiam na matéria terráquea. Ante a incessante ascensão espiritual de Jesus e o seu conhecimento, cada vez mais extenso, sobre a consciência coletiva da vossa humanidade, é provável que, no próximo Grande Plano, ele também se torne um Arcanjo cooperador na criação dos mundos, sob a jurisdição direta de outro Logos Solar.

PERGUNTA: — Mas Jesus, como o Cristo, não significa a mais alta Consciência Celestial, para nós?

RAMATÍS: — Há que não esquecerdes a significação do vocábulo "Cristo", no seio do Cosmo.

O Cristo Cósmico, em sua generalidade, é o segundo princípio emanado de Deus que, na forma do Amor, serve de coesão entre o seu Pensamento Original Incriado e os mundos que os Arcanjos ou Engenheiros Siderais revelam sob a vontade divina. Ele significa, pois, o estado absoluto do Amor no Cosmo; cimento de coesão entre os astros e a luz pura que alimenta o amor entre os seres. O Cristo Cósmico revela-se em Deus na plenitude do Amor Eterno; o Cristo Galaxial é o próprio Logos ou Arcanjo das Galáxias, mas destacado na sua expressão de Amor sobre os seus demais princípios do Poder, Sabedoria e da Vontade criadora; o Cristo Solar é também o mesmo Logos Solar, porém acentuado sideralmente no princípio do Amor, distinguido do Poder, da Vontade e da Sabedoria Solar; o Cristo da Terra, consequentemente, é a expressão absoluta do Amor do próprio Arcanjo do vosso orbe!

PERGUNTA: — Nesse caso, é indiferente que se denomine "Cristo" ou "Logos" ou "Arcanjo", porque se trata da mesma entidade; não é verdade?

RAMATÍS: — É natural que não possais avaliar os planos evolutivos das humanidades e, por esse motivo, criais confusões em vossas perguntas e naquilo que vos estamos explicando. Realmente, um Arcanjo, Logos Planetário ou Solar, representa a miniatura de todos os atributos de Deus, como sejam a Sabedoria, o Poder, a Vontade, a Justiça e, obviamente, o Amor, que é o princípio crístico. Entretanto, sob cada signo da tradição astrológica que se relaciona com o vosso planeta, é destacado um dos aspectos do Logos, condizente com o atributo que deve ser desenvolvido e cultuado pela humanidade em evolução sob tal signo. Como o Amor foi o principal motivo destacado nos atributos do Logos da Terra, para então ser cultuado pelo homem, sob a vibração amorosa do signo de Pisces, todas as atividades missionárias e incentivadoras, no vosso mundo atual, giram em tomo do CRISTO, ou seja, em torno da manifestação absoluta do Amor, como um dos aspectos sublimes do Logos terráqueo a ser cultuado à parte, em correspondência com o favorecimento do magnetismo astrológico do momento. O signo de Pisces, nos seus 2.160 anos de "tempo astrológico", irradia o suave magnetismo que inspira o amor e a emotividade. O homem deve, precípua e fundamentalmente, desenvolver primeiro o amor e, depois, os demais atributos que hão de lhe seguir, em concomitância com os demais atributos do seu Arcanjo Planetário. Sob esse fundamento importante, em lugar de os esforços messiânicos situarem-se na Terra, especificamente sobre outros princípios mais intelectivos, intensifica-se, fundamentalmente, o reinado do Cristo, no seu aspecto do Amor Universal. E aqueles que não desenvolverem esse atributo no tempo exato de 2.160 anos, do signo de Pisces, serão colocados à esquerda do mesmo princípio crístico e exilados para outro orbe, no qual deverão ser reeducados, a fim de aguardarem, também, o período apropriado em que será destacado o mesmo aspecto do Logos Planetário daquele orbe de exílio.

PERGUNTA: — Poderíamos considerar que o término do signo de Pisces também coincidirá com o final da missão do Cristo na Terra?

RAMATÍS: — Em seguida à seleção do "Juízo Final", em que os colocados à direita do Cristo deverão constituir a humanidade do terceiro milênio, é óbvio que não necessitareis mais de esforços hercúleos para a evidência do princípio crístico, porque ele já existirá em todos os corações, assim como não vos é preciso manter o curso primário escolar para aqueles que já são acadêmicos. Desde que todos sejam crísticos, ou, pelo menos, em progressiva e indesviável atividade crística de mais Amor, reduzir-se-á o labor da pregação exclusiva em torno dessa virtude sublime.

PERGUNTA: — Uma vez que sob o signo de Pisces cultuou-se o Cristo, ou seja, o Amor, qual seria o princípio a ser eleito sob o próximo signo de Aquário?

RAMATÍS: — De há muito já vos temos feito vislumbrar qual seja o novo atributo que será destacado do Logos da Terra, como o principal imperativo regente nos dois próximos milênios, sob o signo de Aquário: é o princípio mental, para o homem educar a sua vontade, a fim de que, mais além, sob outro signo, desenvolva o poder criador, em seguida à vontade disciplinada e já purificado pelo Cristo. O ser humano só deve receber poderes mais altos e impor a sua vontade, ou criar, depois que tiver desenvolvido o princípio crístico do Amor absoluto, a fim de não causar distúrbios na harmonia da Criação. O terceiro milênio é o período inicial desse desenvolvimento mental coletivo, da humanidade terrícola, assim como os dois milênios que se findam abrangeram também o esforço doloroso do Cristo e do seu enviado, Jesus, para o amor coletivo. É o "Mentalismo" a sequência que substituirá ou sucederá ao Amor pregado por Jesus e inspirado pelo magnífico Arcanjo da Terra, destacado no atributo do Cristo.

PERGUNTA: — Afirmastes, há pouco, que o Arcanjo não poderia agir diretamente no mundo físico, mas sim por intermédio de um Messias, como o foi Jesus. É isso mesmo?

RAMATÍS: — Jesus manifestou-se fisicamente no vosso orbe há dois milênios, porque ainda podia mentalizar e construir os seus veículos intermediários nas energias adjacentes à matéria. Ele é ainda um espírito capaz de ter contacto com a carne, embora sob extrema dificuldade e sofrimento, como ocorreu na sua última descida sacrificial. No entanto, o Cristo Terráqueo, ou seja, o Arcanjo Planetário da Terra, é potencial vibratório de tão alta "voltagem sideral", que não conseguirá aglutinar de nenhum modo as energias inferiores, e situar-se na figura diminuta do corpo físico, para comandar diretamente um cérebro humano. A sua vibração altíssima não conseguiria o descenso vibratório para alcançar a forma letárgica da matéria! E, mesmo se supondo que assim pudesse agir, o seu espírito lembraria o exemplo, que já vos demos, da carga fulminante de 50.000 volts, quando projetada diretamente da usina sobre um minúsculo aparelho de 110 volts.

PERGUNTA: — Então, por que motivo a tradição, e mesmo os Evangelhos, afirmam que Jesus era o próprio Cristo?

RAMATÍS: — Realmente, Jesus foi o revelador do Cristo, o mais credenciado e Sublime Intermediário do Amor Absoluto, no vosso mundo. Pela sua Consciência Espiritual, fluiu e se fixou vigorosamente nas sombras terráqueas a Luz Crística, aflorando então à superfície da Terra e tornando-se o "Caminho, a Verdade e a Vida".

Quando o Mestre afirmou "Eu e meu Pai somos um" e "Ninguém vai ao Pai senão por mim", era o Cristo Planetário que atuava e transmitia o seu Pensamento diretivo por intermédio do seu divino médium Jesus, corporificado no plano físico. O Ungido, o Escolhido ou o Eleito para materializar o Verbo em vocábulos ou ideias acessíveis à mente humana, sob a égide do Arcanjo Planetário e criador da Terra, foi realmente aquele sublime Homem-Luz, retratado na figura angélica de Jesus de Nazaré, o doce filho de Maria.

É por isso que na própria conjunção de Marte, Saturno e Júpiter, que a vossa ciência acadêmica subestima, por desconhecer o verdadeiro fenômeno oculto, os Arcanjos Planetários daqueles orbes trocavam, entre si, os soberbos potenciais aliados às correntes espiritualizadas de suas humanidades evoluídas, formando, assim, o mais alto padrão de energismo e magnetismo sideral sobre a Terra.

A Técnica Divina operou para que Jesus corporificasse em suas entranhas psicofísicas a dosagem crística dos três Logos ou Arcanjos de Marte, Saturno e Júpiter, a fim de que ele pudesse vibrar em uníssono com o Cristo ou Logos da Terra e tornar-se o seu insuperável "canal vivo" no mundo de formas. Aquilo que para o vosso pobre entendimento humano situastes como uma "crendice astrológica" impressionar-vos--á profundamente a alma quando aqui aportardes e puderdes então conhecer quão dispendioso é ainda para os Arcanjos Planetários estabelecerem as condições mínimas para plasmarem nas consciências humanas uma réstia de sua Luz!

PERGUNTA: — O Cristo da Terra só se revelou, espiritualmente, mais acessível à vida humana, através de Jesus?

RAMATÍS: — O Cristo Planetário tem-se manifestado gradativamente em direção à superfície tangível do vosso mundo, através de todos os missionários anteriormente reencarnados como instrutores e líderes espirituais, desde os tempos imemoriais. Alguns deles puderam acentuar a vibração crística mais intensamente, na substância física; outros o fizeram de modo mais singelo. A figura mais notável, no passado, foi Antúlio de Maha-Ettel, o mais sublime revelador do Cristo Planetário na Atlântida, mas é incontestável que, apesar de Hermes, Crisna e Buda muito se destacarem nas suas divinas missões, foi Jesus o revelador inconfundível e a consciência diretora de todos os seus precursores.

PERGUNTA: — Por que motivo diz o Gênesis que o Criador "soprou" a vida, em lugar de dizer que os mundos se fizeram, sob orientação dos prepostos siderais de Deus?

RAMATÍS: — O "Gênesis" é um livro que contém o máximo acessível ao entendimento humano na época de Moisés; no entanto, sob as suas inúmeras descrições simbólicas escondem-se grandes verdades. O sopro criador representa o potencial transmitido por Deus aos seus Arcanjos, os quais revelam na matéria o Pensamento Original Divino. Eles representam, na realidade, "sopros" de energias cósmicas do Espírito Onipotente; não um enfeixamento de ar, mas um enfeixamento de luz, um fluxo de vida, um hálito criador, que plasma a Vontade Superior na substância virgem do Cosmo. O "sopro" divino é de Deus, mas não é Deus; quando Deus "soprou" a vida nos mundos, deu alento aos seus prepostos siderais, como espíritos construtores dos mundos e que estão mais perto do Foco Central Gerador da Energia da Vida!

Os Arcanjos vos unem a toda a Criação; significam eles vivos, e ligam-vos também à Mente Divina; constituem a imensurável escadaria da ascensão eterna; são os degraus que também tereis que galgar para vos transformardes em exuberantes condensadores da Luz do Senhor dos Mundos.

PERGUNTA: — Sob o entendimento humano, ficamos com a impressão de que o Espírito Solar e o Planetário reencarnam-se na matéria dos seus sistemas solares ou planetas. É isso mesmo?

RAMATÍS: — Do mesmo modo que o vosso espírito

comanda a indescritível rede microcósmica de sistemas solares e galáxias, constituídos de eléctrons, átomos, moléculas, células, tecidos e órgãos do corpo físico, eles comandam os seus sistemas solares, sem necessidade de se reencarnarem neles. Não deveis considerar "ao pé da letra" esse comando, porquanto os espíritos arcangélicos atuam noutras dimensões e não podeis concebê-los como sujeitos à dor comum, da vossa carne. Assim que se findar o Grande Plano ou o "Manvantara" de que participais, desfazer-se-á a substância visível do vosso sistema, sem que por isso o Logos Solar deixe de existir integralmente e, ao contrário, se sinta ainda mais liberto em seu dinamismo sideral no Cosmo. Ele entrará no gozo pleno de sua consciência estelar, libertando-se da responsabilidade de despertar mais um incontável número de consciências humanas, que já estarão brilhando como centelhas festivas nos orbes que se movem na sua aura refulgente! Assemelhar-se-á a gigantesco inseto que se desprenda de uma rede sutil, de fios de seda!

PERGUNTA: — Como poderíamos compreender melhor essa libertação do Arcanjo Solar?

RAMATÍS: — A ciência vos ensina que o corpo físico nada mais é do que a soma de incontáveis coletividades microbianas, cuja vida microscópica é que realmente reproduz e revela todos os vossos desejos e propósitos, e ainda sustém a própria vida orgânica exterior. O corpo humano, reduzido à forma de pasta nuclear, caberia perfeitamente numa caixa de fósforos, embora mantivesse o mesmo peso da antiga massa visível, mas ilusória.

Há maior quantidade de espaços vazios, no corpo, do que realmente matéria absoluta; o homem, na sua última realidade, é apenas uma rede de magnetismo sustentando invisíveis corpúsculos que, devido à precariedade do olhar físico, assumem, a distância, uma falsa aparência de realidade compacta. Em consequência, quando desencarnais, é como se sacudísseis do espírito um punhado de pó incômodo, que obscurecia o dinamismo intenso de viver! Quando, no final de cada Grande Plano, o Arcanjo ou o Logos Solar se desveste do seu traje de orbes, satélites e asteróides, como se fossem um pó aderido à Beleza, à Refulgência e à Dinâmica de sua alma, também se sente mais nítido e operante no Universo. A sua Consciência Constelar liberta-se da opressão das leis vibratórias e implacáveis, a que se submetera, na obrigatória descida angélica, e o seu espírito readquire a plenitude do seu dinamismo peculiar, podendo mover-se livremente nas faixas vibratórias exuberantes da Mente Divina.

Para o vosso precário entendimento humano, dir-vos--emos que o Arcanjo recupera a sua Ventura Sideral, assim como o espírito excelso se liberta das angústias do mundo material. Os Arcanjos prosseguem ascensionando para condições cada vez mais altas, compondo novos sistemas mais evolvidos e operando na massa espiritual. Através da substância aglomerada dos mundos físicos, a massa espiritual, descida, aciona pelo interior todas as formas materiais, desde o elétron atômico até o conjunto terráqueo, plasmando incessantemente novas consciências que ascensionam a caminho da formosa angelitude.

PERGUNTA: — Registrou-se qualquer acontecimento na vida de Jesus, capaz de explicar a sua conjunção direta com o Cristo Planetário da Terra?

RAMATÍS: — As tradições religiosas podem comprovar--vos que a missão de Jesus teve o seu clímax durante os últimos três anos de sua vida, após ter ele completado 30 anos de idade. O acontecimento que quereis conhecer está evidenciado pelo seguinte significativo simbolismo bíblico: João Batista interpela Jesus e afirma que ele é o Messias. Jesus, pela primeira vez, responde que realmente o era. De outra feita, após o batismo, que define o propósito iniciático de o homem terráqueo se redimir, e que é realizado por João Batista, os apóstolos assinalam, na vidência, que uma pomba imaculada desce sobre Jesus e o inunda de luz do Espírito Santo. Para aqueles que estão familiarizados com as figuras simbólicas de que os Mentores Siderais costumam utilizar-se na projeção, sobre o mundo de formas, de sinais identificadores de determinadas situações importantes no labor messiânico, a "pomba branca" é o símbolo máximo empregado para notificar a ação do Arcanjo Planetário operando na modificação dos grandes ciclos de renovações espirituais.

O acontecido com Jesus quer dizer que, exatamente

naquele momento, o Cristo Planetário pudera vibrar mais diretamente na carne do seu Divino Médium e que, portanto, dali por diante manter-se-ia em contacto mais eficiente com a sua consciência. Na realidade, é da ocasião do batismo em diante que se repetem as constantes afirmações de Jesus, assegurando, sem qualquer vacilação: "Eu e meu Pai somos um" ou "Ninguém vai ao Pai senão por mim".

Na figura de Médium Consciente, ele entregara-se, então, ao indescritível "transe crístico", exsudando o permanente e sublime Amor que o inundava, projetado no Cristo Planetário! Conhecedor profundo da escadaria hierárquica sideral, reconhecendo-se uma consciência ainda ligada ao mundo de formas, o Messias guardava profunda ternura para com o espírito do Cristo Planetário, que vivia em sua alma, situado hierárquica e imediatamente acima de sua individualidade sideral; sabia o caminho exato para a criatura tomar contacto mais direto com o Criador dos Mundos! Como excelso espírito missionário descido à carne, Jesus era o prolongamento vivo do Cristo Planetário da Terra; o "degrau" sideral para a jornada humana em busca da eterna ventura espiritual.

PERGUNTA: — Que significa esse "Grande Plano" ou "Manvantara", no Cosmo?

RAMATÍS: — Assegura a vossa ciência que o Universo se encontra em fase de contínua expansão; assemelha-se a gigantesca explosão que se dilata em todos os sentidos. Efetivamente, a imagem está próxima da realidade; entretanto, como o tempo no vosso mundo é relativo ao calendário humano, não podeis avaliar essa explosão na eternidade da Mente Divina! Para Deus, esse acontecimento é tão instantâneo como o explosivo que rebenta no espaço de um segundo terrestre! Mas essa expansão não se verifica apenas na estrutura da matéria cósmica que anotais através de vossos instrumentos científicos, pois o envoltório físico é o vestuário exterior e provisório dos Augustos Espíritos do Senhor, cujas auras conscienciais também se expandem em todos os sentidos, no indescritível processo de criar e evoluir.

Cada um dos Grandes Planos ou Manvantaras significa para Deus a sensação de uma explosão comum que efetuais com fogos de artifícios! O Cosmo, eliminada a ideia de tempo e espaço, é apenas uma eterna "noite feérica" e infinita festa de beleza policrômica, decorrendo sob a visão dos espíritos reveladores da vontade e da mente criadora dos mundos.

A consciência espiritual do homem, à medida que cresce esfericamente, funde os limites do tempo e do espaço, para atuar noutras dimensões indescritíveis; abrange, então, cada vez mais, a magnificência real do Universo em si mesma, e se transforma em Mago que cria outras consciências menores em sua própria Consciência Sideral.

PERGUNTA: — *Quais as características principais de um Grande Plano, ou Manvantara?*

RAMATÍS: — Visto que a Criação, que é o produto do Pensamento de Deus, nunca teve começo, assim como não terá fim, nem se subordinará nunca ao tempo e ao espaço, os Mentores Siderais procuram expressar o seu processo criador tanto quanto seja possível ao entendimento humano, motivo por que a situam, idiomaticamente, em duas fases distintas e compatíveis com a compreensão humana. É óbvio que Deus não traçou divisões em si mesmo, porquanto a sua manifestação é eterna, contínua e ilimitada. Mas a filosofia oriental procurou distinguir, no Onipotente, a fase da sua "descida" à forma exterior-matéria e, depois, o "retorno" ou a dissolução da substância, como a libertação do Espírito Cósmico da forma. Em consequência, a "expiração" é a descida angélica para fora, ou exterior, e que no Oriente se denomina o "Dia de Brama", isto é, quando Deus cria. A segunda fase é a "aspiração", ou seja, a "Noite de Brama", quando então Deus dissolve o Cosmo exterior.

O "Grande Plano" — denominação mais apropriada para a mente dos ocidentais — ou o "Manvantara", da escolástica oriental, abrange, então, essas duas fases de expirar e aspirar, ou seja, a Noite de Brama e o Dia de Brama. Perfaz cada fase o tempo em que Brama, ou Deus, completa uma "respiração", ou seja, um Grande Plano ou Manvantara.

Há que notar a precisão desses Manvantaras ou "Grandes Planos", já enunciados no tempo de Antúlio, na Atlântida, o qual, devido a esse conhecimento, pôde prever a precessão dos equinócios, que mais tarde os egípcios confirmaram, assinalando-a na edificação das pirâmides e oculta sob as suas medidas sibilinas. Os velhos iniciados dos Vedas e os instrutores da dinastia de Rama costumavam afirmar que a respiração macrocósmica de Brama corresponde à respiração microcósmica do homem".[1]

PERGUNTA: — E como poderemos compreender o "ritmo setenário" que sempre nos citais, em que o Espírito Divino desce vibratoriamente até à fase exterior da matéria, depois de atravessar os "sete mundos"?

RAMATÍS: — Trata-se, também, de novos diagramas especiais, contidos no processo do Grande Plano, e que os Grandes Iniciados hão composto para auxiliar a compreensão humana quanto às fases intermediárias da Criação. São muito conhecidos entre os ocultistas do vosso orbe os "gráficos-base" que conceituam as "três emanações divinas" e os "sete mundos" e suas "regiões", que situam a descida angélica. Eles demarcam as pulsações rítmicas da Criação Divina e assinalam as faixas vibratórias que identificam as principais mudanças na energia do Cosmo. O conhecimento iniciático milenário sabe graduar perfeitamente as diversas fases da descida do espírito até à expressão matéria, avaliando-lhe os ritmos criadores mais importantes e auxiliando gradativamente o entendimento humano dos estudiosos dos Manvantaras, ou Grandes Planos. É uma redução acessível ao pensamento humano, embora muito aquém da Realidade Cósmica; mas é a expressão gráfica mais fiel possível. Os hermetistas, hinduístas, taoístas, iogues, teosofistas, rosa--cruzes e esoteristas têm norteado os seus estudos com êxito sob esses gráficos inspirados pelos Mentores Siderais, desde a Atlântida.

PERGUNTA: — Poderíeis, então, esclarecer-nos quanto à composição das "três emanações divinas"?[2]

RAMATÍS: — A pedagogia sideral ensina que há três

---

[1] Nota do médium: - Reduzindo esse conceito ao precário entendimento humano, o início e o final de um "Grande Plano" ou "Manvantara", para Deus, significa tanto quanto o tempo de uma respiração para nós.
[2] Nota do médium: - Em face de o esquema de Ramatis sobre a Criação Cósmica apresentar pontos de contacto com a filosofia rosacruciana, recomendamos a obra *Conceito Rosa-cruz do Cosmos*, de Max Heindel, edição da "Fraternidade Rosacruciana São Paulo", com riqueza de detalhes no gênero.

princípios cósmicos, uníssonos, que constituem o próprio Deus; três manifestações absolutas do Ser Supremo e que na exiguidade desta obra assim resumiremos para um fugaz entendimento humano. São eles:

1) **O Princípio Incriado Gerante**; a Unidade Cósmica ou o Espírito Eterno; Deus, o Pensamento Original Cósmico;

2) **O Princípio Criado Criante**; o Cristo Cósmico, o Amor, que estabelece o equilíbrio entre os opostos, o divino "cimento" que une o pensamento cósmico à forma ou substância; o Elo entre o negativo e o positivo, entre a luz e a sombra; Espírito Eterno que harmoniza a Unidade Cósmica: é a coesão entre os astros, a afinidade entre as substâncias e o amor entre os seres;

3) **O Princípio Criado**, que é o Agente, a Ação que plasma o Pensamento de Deus Pai, no desejo do seu filho, o Cristo. É também conhecido na tradição esotérica como o Espírito Santo, que concebe com a "energia virgem" ou forças pré-cósmicas para a "gestação" na matéria.

Mas a pobreza dos vocábulos, desenhando na vossa mente situações limitadas e letárgicas, no tempo e no espaço, de modo algum pode caracterizar-vos a Realidade Cósmica. Trata-se de esforço conceitual para o treinamento do homem, a fim de que, em sucessivas romagens siderais, termine assimilando o "espírito" e não a "forma" da revelação.

No equívoco de excessiva materialização daquilo que é configuração simbólica já incorreram as religiões tradicionais, motivo pelo qual ainda se discute sobre as três "pessoas" da Santíssima Trindade ou a pomba "física" do Espírito Santo, pousada na cabeça de Jesus, olvidando-se que tais expressões são sínteses alegóricas de acontecimentos siderais.

Referindo-nos aos três princípios cósmicos, às três emanações distintas do mesmo Ser único e Absoluto, aludimos às fases conhecidas como "involução", "descida vibratória" ou "descenso angélico", quando o espírito atinge o estado substancial distinguível pelos sentidos humanos. Em sentido inverso, o processo denomina-se "evolução", "aceleração vibratória" ou "subida angélica" em direção à origem iniciática do princípio original.

Essas operações, assim classificadas e algo humanizadas, para o melhor entendimento possível à precariedade da vossa mente, sucedem-se dentro da ocorrência completa de cada Grande Plano, fazendo-se a descida em o Dia de Brama, quando Deus gera e daí resulta o princípio criante, que produz então o princípio criado, para que se cumpra o que é planeado no Pensamento Cósmico Gerante.

A Noite de Brama, ou a "desmaterialização" do panorama objetivo do Cosmo e a libertação do espírito para o seu estado original completam, então, o Grande Plano ou o Manvantara atuante nos sete mundos.

PERGUNTA: — *Qual a ideia que poderíamos conceber desses sete mundos?*

RAMATÍS: — A mesma Pedagogia Sideral ensina que Deus, Brama ou o Universo, abrange sete mundos ou sete estados energéticos que se diferenciam conceitualmente sob a regência do ritmo setenário. Através dessa divisão, cabível na mente humana, torna-se mais fácil aquilatar o processo de "involução" ou "descida angélica" e o da "evolução" ou "ascensão espiritual". Procurando situar-nos dentro dos gráficos mais conhecidos e que consideramos de maior clareza para esse entendimento, principalmente os que são manuseados entre os esoteristas, rosa-cruzes, teosofistas e hermetistas, expomos, resumidamente, a disposição dos sete mundos que servem de degraus diferenciais no abaixamento vibratório do espírito virgem, e que a tradição bíblica também simboliza no trajeto ascensional através da escada de Jacó:

1º) **Mundo de Deus**, a Matriz-Base, o Pensamento Original e Total;

2º) **Mundo dos Espíritos Virginais**, composto de sete regiões, de onde se originam os espíritos diferenciados em Deus, para iniciarem a sua trajetória através da substância material; origem iniciática dos veículos do homem;

3º) **Mundo do Espírito Divino**, em cujas regiões se originam as mais elevadas influências espirituais no homem;

4º) **Mundo do Espírito de Vida**, é a origem do segundo aspecto tríplice do espírito do homem;

5º) **Mundo do Pensamento**, dividido na região do "pensamento abstrato" que contém as ideias germinais da forma, vida e emoção dos reinos mineral, vegetal, animal e humano; na região do "pensamento concreto", zona mental, origem das forças arquetípicas e a mente humana, na figura de um foco que reflete o espírito na matéria, além dos arquétipos do desejo, emoção, vitalidade universal e da forma. (Aliás, esse mundo, em sua divisão perfeita do espírito humano e a mente, separa perfeitamente a personalidade provisória do mundo de formas e o ego concretizado no mundo interior do espírito.)

6º) **Mundo dos Desejos**, responsável pelo "corpo dos desejos", na seguinte disposição: — três regiões que compreendem o poder, a luz e a vida anímica, compondo a atração; a quarta região, que é o sentimento, as três últimas abrangendo os desejos, impressionabilidade e paixões;

7º) **Mundo Físico**, de suma importância para o atual conhecimento do homem comum, assim dividido: — região interior, etérica, forma do corpo vital, e região exterior, química, que compõe o corpo denso ou propriamente físico.

Destacamos especialmente a "região etérica" cujos veículos funcionam em bastante eletividade com as energias do sexto mundo, que é o formativo do corpo dos desejos, compondo-se, então, o corpo etereoastral, responsável pelos fenômenos imediatos no plano físico.

Enquanto o corpo físico é composto dos sólidos, líquidos e gases da região química, toda a sua estrutura invisível, interior, realmente energética e plasmadora da forma — que preexiste e sobrevive à dissolução da carne — reside nessa região etérica. Ela constitui-se de quatro "éteres" que formam a fisiologia do perispírito ou corpo etereoastral, e que assim se dividem: — o mais inferior, que é o "éter-químico", elemento responsável por todos os fenômenos de assimilação e excreção nas relações do homem com o meio; o "éter-vital", o magnífico veículo que permite a propagação no meio físico, impregnando desde o pólen das flores até o espermatozóide humano e que, devido à intemperança ou os vícios sexuais, debilita-se e extingue-se, produzindo a esterilidade; o "éter-luminoso", o meio de percepção sensorial, o captador das vibrações do ambiente exterior e, ao mesmo tempo, o transmissor, em linguagem objetiva, das emoções e das sensações interiores da alma no seu mundo oculto; o "éter-refletor", a tessitura delicadíssima que reflete toda a memória da Natureza, desde o mais leve estremecimento de uma probabilidade de onda até o ruir ou gestar-se do Cosmo. Graças à sua natureza sutilíssima, o ego-divino pode evocar, no plano físico, todos os sucessos de suas personalidades humanas em reencarnações anteriores, constituindo-se, então, a consciência reflexiva, por acumulamento no simbolismo do tempo e do espaço. É um dos principais registros que delineiam a Lei de Causa e Efeito, do Carma, porque fica-lhe refletida toda vibração que exorbite do nível normal da evolução.

Quando o espírito está prestes a abandonar o corpo, na hora agônica, o "éter-refletor" projeta no cérebro do agonizante todo o seu passado, como se um filme cinematográfico fosse projetado, em sentido inverso; a psicometria também é possível, porque a leitura psicométrica é feita diretamente nas imagens dos registros desse éter.[3] Entretanto, como bem se define, o éter-refletor é apenas o reflexo da Memória real da Natureza, a qual se encontra em planos mais altos. Só os clarividentes consumados, e sob um modo de vida superior, conseguem interceptar as imagens reais, enquanto que os "médiuns videntes" e os psicômetras precários apenas manuseiam os fenômenos reflexivos e de um tipo de éter ainda adstrito ao campo físico.

Nesse campo etérico é que o sistema de "chacras" tem a sua atividade muito desenvolvida, funcionando como condutor das energias do vitalismo solar e demais forças telúricas e, ao mesmo tempo, facilitando a libertação maior ou menor dos veículos para as saídas em astral, do "ego" reencarnado.

Naturalmente não podemos demonstrar-vos, nestes singelos relatos, a constituição completa de todos os elementos que se interpenetram e atuam na descida vibratória do espírito, constituindo os "egos" para a atuação na matéria. O vosso mundo já possui literatura bastante, no gênero, suficiente para desenvolver-vos a capacidade e a base essencial para que vos torneis cada vez mais conscientes da vossa própria realidade

---

[3] Vide *A Vida Além da Sepultura*, de Ramatis, capítulo "A Caminho do Além"; *Voltei*, de Irmão Jacó, pág. 25, e *Falando à Terra*, cap. "De Retorno", espírito de Romeu A. Camargo. As duas últimas obras editadas pela Fed. Esp. Brasileira.

espiritual. O Esoterismo, a Teosofia, a Filosofia Rosa-Cruz, a Ioga, o Hermetismo, as Ordens Iniciáticas e os chamados compêndios ocultistas estão repletos de ensinamentos técnicos e úteis aos discípulos ávidos do saber.[4]

PERGUNTA: — *Ante a complexidade dessa região etérica, e para nossa melhor compreensão, poderíeis tecer outras considerações sobre o assunto?*

RAMATÍS: — O Éter-Cósmico podemos conceituar como o próprio Corpo Vital ou Duplo-Etérico de Deus, cujos sistemas de galáxias, em efusão, seriam, na fisiologia cósmica, centros de forças à semelhança dos "chacras" que se distribuem pelo duplo-etérico do homem. Em consequência, tudo o que palpita em Deus está envolto por esse Éter-Cósmico, mas na proporção e qualidade exatas para cada coisa, corpo ou ser vivo.

É assim que uma galáxia, que é formada de incontável número de sistemas de sóis, planetas ou mundículos, é também um corpo etérico resultante da soma de todos os corpos ou duplo-etéricos de todos os astros que lhe formam o manto estelar. A sistema solar que vos serve de morada, além da sua expressão física, possui também o seu duplo-etérico, que significa a "matriz" oculta, de todo o sistema. A Terra, como um planeta que gira dentro desse sistema, também possui, por sua vez, o seu próprio corpo etérico, mais individualizado à sua forma, às suas necessidades e responsabilidades no Cosmo. O éter do corpo físico da Terra infiltra-se e interpenetra todas as coisas que nela existem, sejam as montanhas, os mares, rios, minerais, florestas, vegetais, animais, insetos, vermes, pássaros ou seres humanos. Assim como existe o duplo-etérico da floresta material, na forma de outra floresta luminosa, semelhante a um cenário de celofane — onde vivem os espíritos dos silvícolas, julgando-a o seu campo de caça — há também o duplo-etérico de cada pinheiro, arbusto ou lâmina de capim! A reprodução é exata, perfeita e hermética; é uma outra Terra, com todos os seus pertences, sem faltar a figura etérica do esvoaçante grão de areia! Serve

---

[4] Nota do revisor: - Vide obras no gênero: *Fundamentos da Teosofia*, de C. Jinarajadasa, edição da Editora Teosófica Adyar; *Evolução em Dois Mundos*, André Luiz, editada pela Fed. Espírita Brasileira.

de morada a fadas, gnomos, sílfides, salamandras, ondinas, nereidas e outros tipos de elementais e energias ainda ignoradas na própria tradição esotérica.

O condor que voa sobre os Andes ou o verme que se arrasta no seio da terra úmida são apenas a materialização objetiva, aos vossos olhos, do mesmo condor e do mesmo verme que vivem e palpitam no seio recortado do éter que lhes atende à forma idiossincrásica. Quando, por efeito da morte da aranha ou de uma águia, a sua forma se desintegra no mundo físico, a ave ou a aranha prosseguem no verdadeiro mundo de sua origem — o éter astral! E, como ainda não dispõem do discernimento da consciência, nem chegam a notar a diferença vibratória do novo "habitat", prosseguem no seu vôo ou na sua teia de seda etérica, no panorama etérico e ainda mais belo e vibrátil!

PERGUNTA: — *Quando as coisas ou os corpos físicos se destroem, não devia ficar destruído também o corpo astral, ou duplo-etérico?*

RAMATÍS: — Embora uma floresta, no vosso mundo, seja a materialização física e exata de outra floresta etérica, quando cortais um pinheiro, continua existindo o outro pinheiro etérico, que não é atingido pela ação letárgica do plano físico, salvo quando os poderes mentais dos espíritos construtores querem dissolver qualquer éter acumulado.

Mas o fenômeno é ao contrário, quando operado daqui, diretamente, no campo etérico. Logo que, por qualquer circunstância excepcional, é destruído o molde etérico de uma flor ou fruto físico, se não for logo restabelecida a energia etérica no duplo invisível, a sua contraparte física se deteriora ou emurchece. É claro que, quanto mais poderoso é algo do mundo físico, também o seu duplo-etérico só pode ser modificado ou destruído por espíritos mentores de considerável poder, mas que só atuam sob o comando mais alto. Muitos cataclismos físicos são primeiramente preparados pelos Mentores Cármicos, nos seus moldes ou duplo-etéricos, para em seguida repercutirem disciplinadamente na matéria.

No seio vegetal da semente também está adormecido o potencial do pinheiro etérico, embora reduzido e aglutinado em si mesmo, o qual é alimentado pelo corpo etérico do "espírito-grupo" da espécie pinheiro. O pinheiro físico, que germina e se desdobra no pinhão atirado no seio da terra, desata-se no seu crescimento vegetal graças ao seu molde etérico, que absorve as substâncias do astral e assume as cores e qualidades do "espírito vegetal" ou "deva" da natureza a que pertence.[5] No entanto, há que convir que esse pinheiro etérico não é apenas uma espécie de árvore recortada em papel celofane, e que imaginareis transparente. Ele contém em si todos os éteres do "sétimo mundo", que já citamos antes, no quadro demonstrativo dos sete mundos; há o quimismo que assimila e excreta no metabolismo da seiva; a vitalidade etérica que procria e constitui, depois, as novas sementes, para que a espécie se reproduza continuamente em novos arvoredos; há o éter luminoso, que dá ao vegetal a sensação de existir, como um centro de sensação do "espírito vegetal" no mundo etereofísico; e há, principalmente, a "memória da natureza", na forma do "éter-refletor", o qual, após a desagregação física da árvore, conservará o "registro memorial" de toda a gestação, crescimento e desintegração vegetal.

É óbvio que, quanto mais evoluída é a espécie vegetal, tanto maiores são as suas qualidades etéricas. Há plantas carnívoras cujo eterismo já está impregnado de desejos e de paixão, porque elas participam do sexto mundo astral, que é o dos desejos e que precede o mundo etérico.

Enquanto são mais inferiores os corpos etéricos do peixe, dos pássaros e de certos animais de menor importância — que não passam de apêndices instintivos do "espírito-grupo" que os comanda instintivamente — o duplo-etérico do cão, do cavalo ou do gato são portadores de certa dose de consciência, à parte, e já se emancipam da consciência instintiva global do espírito diretor da espécie e, consequentemente, da generalidade do seu corpo etérico.

PERGUNTA: — Naturalmente, o duplo-etérico do homem é o mais aprimorado, nesse "eterismo" que forma o molde das coisas e dos seres. Não é assim?

RAMATÍS: — O duplo-etérico do homem não só é o mais qualitativo e complexo, devido ao sistema fisiológico e avan-

---

[5] Vide obras sobre o assunto: *A Sabedoria Antiga*, Annie Besant, cap. IV; *Plano Mental*, obra editada pela Livraria Freitas Bastos S. A. e *O Reino dos Deuses*, de Geoffrey Hodson; FEEU, Porto Alegre, RS.

çado dos "chacras", como ainda o principal veículo de coordenação e relação com todos os outros fenômenos das vidas menores. É um veículo aprimorado, cuja dinâmica é utilíssima ao atual estado de consciência do homem porque, embora no mundo da matéria, ele relaciona a criatura com seus veículos superiores.

Esse corpo etérico é que restaura o metabolismo humano, na figura do molde preexistente, para constituir-se o corpo físico pelo nascimento; ele age e reage em concomitância com tudo o que lhe sucede no campo físico. Quando o médico pratica a anestesia, cai a temperatura do paciente devido à inércia atômica, e ocorre uma breve morte aparente, justamente porque é expulso o duplo-etérico, que é o verdadeiro coordenador do metabolismo físico. A destruição de um órgão físico não atinge de súbito o etérico; conheceis, certamente, o caso de muitas criaturas que amputaram braços, pernas, dedos ou órgãos internos, mas que continuam a sentir dores nas regiões amputadas, e isso porque o molde etérico do órgão operado permanecia a repercutir, por não ser atingível pela instrumentação física. Os espíritos costumam operar curas daqui, agindo exclusivamente no campo etérico; em seguida, o molde do órgão em que atuaram vai-se modificando lentamente e, pela repercussão vibratória, modela-se também a sua contraparte física. Como os curados espiriticamente ignoram isso, e não guardam o regime — que é ainda mais severo que o das operações físicas — a intervenção etérica perde então o seu efeito terapêutico.

PERGUNTA: — *O câncer apresenta também qualquer relação com esse duplo-etérico?*

RAMATÍS: — Como o agente energético responsável pela patogenia do câncer provém de uma energia astral corrosiva, ele se situa, basicamente, no duplo-etérico, onde tem o seu "habitat" favorável. Muitas vezes os médicos costumam amputar as partes afetadas dos cancerosos: extraem um dedo e, para surpresa sua, o câncer surge novamente, atacando a mão e o braço e avançam implacavelmente, a zombar da ciência humana! A radioterapia, os passes magnéticos e a homeopatia em alta dinamização conseguem certo êxito nessas curas, porque representam justamente a única terapêutica que consegue influenciar no duplo-etérico e, assim, atacar o agente corrosivo no seu verdadeiro corpo energético de vida astroetérica.

PERGUNTA: — Nesse caso, certas energias perigosas podem influir à distância, através do corpo etérico da própria Terra?

RAMATÍS: — O corpo etérico da Terra está impregnado do éter que invade todo o Cosmo e, consequentemente, do mesmo éter que rodeia e interpenetra os astros, sistemas e mundos próximos ou distantes, motivo por que os astrólogos acusam as influências etéricas astrais à distância, na forma de influências de boas ou más condições astrológicas. As mudanças longínquas, que se processam nos corpos etéricos dos outros orbes, devidas ao oceano de éter cósmico que tudo une e intercambia, repercutem, também, no duplo etérico astral da Terra e no próprio éter do corpo humano, conforme a maior ou menor sintonia ao tipo da influência.

PERGUNTA: — É esse o motivo da ação "etereoastral" do planeta intruso, a que sempre aludis como sendo uma influência característica?

RAMATÍS: — Efetivamente, grande parte dos terrícolas já se deixa influenciar pelo referido astro, sem poder objetivar a origem da estranha volúpia sensual, que lhes superexcita as paixões, e efetua convites para o prazer fácil, instintivo e impuro, dificultando o senso diretivo moral do espírito e favorecendo um retorno à esfera animal primitiva. Ignoram essas criaturas que o astro intruso, embora ainda invisível aos sentidos físicos e à instrumentação material, age pelo seu duplo-etérico sobre o duplo-etérico da Terra e, consequentemente, por meio de repercussão, termina atuando gradativamente nos campos etéricos daqueles que ainda guardam o potencial etérico-astral das paixões inferiores e não as expurgaram completamente pelo sofrimento ou, então, com a auto-evangelização.

Os "chacras" ou os centros de forças que controlam a fisiologia do duplo-etérico regulam o intercâmbio entre os vários órgãos físicos e, principalmente, entre as energias astrais do sexto mundo dos desejos, que são as forças das emoções da impressionabilidade e das paixões. Toda ação etérica inferior, que se lançar de outros astros sobre a Terra, fará vibrar o sistema de chacras humanos e, consequentemente, movimentar também o simbólico e instintivo campo da "besta" animal, como já está ocorrendo convosco, sob a ação do magnetismo etereoastral do planeta intruso, que é primitivo, animalizado e estimulante das paixões inferiores.

As tendências inferiores, os desejos torpes e desregrados, despertam-se na tela astral do terrícola e surgem, então, as evocações da velha instintividade própria dos primatas das cavernas. Eis um dos motivos por que a órbita de 6.666 anos, do planeta intruso, revela o simbólico número da "Besta" do Apocalipse, que é o "detonador" psíquico da eclosão do instinto bestial humano. É, na realidade, o agente iniciático do reino do "Anticristo", cuja ação principal realmente se inicia pelo "interior" da Terra.

PERGUNTA: — Escapa ao nosso entendimento humano a natureza dos planos previstos e concretizados pelos Engenheiros Siderais há trilhões ou quatrilhões de anos e sob rigorosa disciplina evolutiva, como sempre nos tendes informado. Poderíeis dar-nos uma ideia mais objetiva do assunto?

RAMATÍS: — Como a Consciência dos Engenheiros Siderais ou Arcanjos suplanta o virtual fenômeno de "espaço" ou "tempo", porque já abrange um orbe ou sistema de mundos, um milênio do calendário humano não lhes significa sequer um minuto terrestre! Milhares de micróbios que vivem na ponta de um alfinete têm o direito de descrer que o homem viva 80 ou 100 anos, pois esses micróbios vivem no espaço de minutos, ou mesmo de uma hora, as sensações progressivas de infância, mocidade e velhice. Entretanto, o vosso período de 80 anos de "vida longa" é fugaz minuto na concepção mental do Engenheiro Sideral! Qual seria a sensação do micróbio — já vos perguntamos certa vez — que vive entre outros milhões, no seio da molécula do vosso fígado, se ele tentasse descrever toda a configuração do vosso corpo físico? Na figura de cidadão comum da molécula hepática, não conseguiria ver-vos à distância, nem seria capaz de avaliar a contento a vossa figura humana; em consequência, teria de descrer da vossa realidade, assim como os ínfimos micróbios humanos, situados na molécula "Terra", integrante de uma célula de galáxia, não podem formar um juízo perfeito nem ao menos da forma do fígado estelar do Pai!

Deus é um Pensamento Eterno, e a sua Criação um produto objetivo desse mesmo pensamento; o binômio "pensar e criar" não pode ser calculado no espaço e no tempo, porque não existe nada fora de Deus que também possa marcar as suas operações criativas. Ele "é" sempre-eternamente! Nele tudo existe, sem começo nem fim!

Assim que pensais em construir uma ponte, por exemplo, esta se fixa, invisivelmente, na vossa mente, na figura de um molde ou matriz, que apenas fica aguardando o ensejo para revelar-se ao mundo e aos sentidos humanos. Embora outros não creiam nessa ponte, por enquanto invisível, na vossa mente, ela já existe indestrutivelmente noutras dimensões; vós a criastes no mundo mental, assim que pensastes na sua estrutura e acabamento.

No entanto, vós sois responsável pelo benefício ou prejuízo que se fizer no mundo pela concretização dessa ideia, seja um abrigo de órfãos ou maquinaria infernal de destruição. Mas é evidente que o combustível que usais é sempre extraído da fonte mental do próprio Deus, que é o Autor único e Insuperável de todas as coisas.

Às vezes, muitos usam as mesmas ideias inatas, simultaneamente, e então aparecem obras iguais ou semelhantes, ao mesmo tempo, na Terra. Tudo quanto imaginardes e conservardes na vossa retentiva mental exige essência da própria Mente Divina.

Os Engenheiros Siderais também dão forma àquilo que já é um plano perfeito e preexiste eternamente na Mente Divina e, por esse motivo, todas as operações são previstas com trilhões ou quatrilhões de anos e se situam num desdobramento evolutivo, revelando-se gradativamente na forma, através das mentes menores dos espíritos humanos.

PERGUNTA: — Essa explicação de que o espírito humano apenas vai dando forma substancial àquilo que já existe "sem começo e sem fim", na Mente de Deus, desperta-nos uma ideia de automatismo; fica-nos a impressão de não passarmos de colecionadores de ideias alheias, embora elas sejam recebidas de Arcanjos ou de Deus. Que nos dizeis a respeito?

RAMATÍS: — O escritor que vive a jubilosa sensação de haver criado obras excelentes, ou o artista eufórico de sua virtuosidade, nada mais fizeram do que apossar-se de ideias mentais que outros espíritos lhes inspiraram do Além. O escritor, antes da pseudocriação da obra em sua imaginação, apodera-se da obra alheia e física, do próprio mundo, como sejam o lápis, a caneta ou a máquina de escrever, papel, tinta ou dicionários; ao efetuar o trabalho serve-se de um idioma que outros burilaram no tempo e sob outros costumes humanos; manuseia regras, palavras, frases e orações que são produtos de pedagogos ou de compêndios alheios. As próprias ideias que lhe acodem para "criar" a sua obra provêm das evocações de um mundo edificado por outros que já o antecederam; descreve coisas que já existiam e lhe impressionaram a mente; quando medita em algo novo, o faz por eliminação daquilo que lhe parece mais velho, mas o que sobra ainda é escolhido e não criado. Ele imagina-se dono de um estilo, mas esse estilo é apenas um esforço para ser diferente dos outros estilos e, comumente, surpreende-se com outros escritores que também possuem um estilo igual ao seu, verificando, então, que nem o seu modo de escrever é exclusivo no mundo!

O escritor que pretenda criar coisa inédita há de se conformar, sem dúvida, com o fato de que não é nenhum criador, mas apenas um compositor! A sua glória, a sua alegria e os seus méritos hão de basear-se exclusivamente no seu modo pessoal de compor, diferente dos demais escritores, embora o faça com as mesmas ideias e os mesmos recursos de que eles também se servem.

PERGUNTA: — Qual a ideia aproximada, embora vaga, que poderíeis transmitir-nos, sobre a Mente Divina?

RAMATÍS: — Formai a ideia de que Deus possui na sua Mente os moldes preexistentes, ou os negativos etéricos, os registros "akhásicos", reproduzidos no éter-refletor da Memória Cósmica. Como Deus é eterno, sem começo nem fim, sem passado ou futuro, é um Pensamento Original, perene, imutável e uníssono, de tudo que existe. Em si mesmo há o negativo e o positivo da Criação, o Espírito e a Forma. Não há modificação naquilo que é imutável e perfeito! Só existe um Deus, que não pode ser comparado a alguém ou a qualquer outra coisa fora dele, o que implicaria na existência de outro Deus. Em Deus, nada pode ser medido, comparado ou avaliado, porque essas medidas e comparações seriam dele mesmo, sobre ele mesmo. Ninguém pode descrever Deus, porque é impossível à parte descrever o todo, que ultrapassa a si mesma. A visão panorâmica do Criador só ele mesmo a possui e não o homem, que é simples detalhe analítico e um produto da Criação.

Quem pudesse descrever Deus em sua absoluta Realidade, seria tão grande quanto ele, e ainda mais poderoso, uma vez que pudesse situá-lo fora de sua própria ação infinita, o que o próprio Deus ainda não pôde conseguir! Considerando que o espírito humano seja um círculo que cresce tanto quanto o homem evolui em consciência, Deus representa os raios que partem do centro desse círculo para o Infinito, em todas as direções. Embora o círculo cresça indefinidamente na eternidade, nunca poderá alcançar os raios que lhe ultrapassam continuamente o limite circular.

Humanizando a ideia de como os Arcanjos ou Engenheiros Siderais criam os mundos, sob a orientação da Mente Divina, poderíeis supor que ela é o Grande Negativo Cósmico, eterno, que possui originalmente desde a matriz de um elétron até os moldes de todas as galáxias existentes ou já dissolvidas em pó, no Cosmo. A criação dos mundos e das coisas seria apenas o "positivo" revelado desse Grande Negativo, assim como o negativo fotográfico pode revelar mil positivos com as mesmas imagens, que estão sempre imutáveis na chapa fotográfica original. Em consequência, qualquer alteração no positivo tem que ser primeiramente efetuada no negativo. Supondo, então, que a Mente Divina é esse Grande Negativo Cósmico, eterno e imutável, que contém em si tudo o que foi ou será, os Grandes Planos, ou Manvantaras, significam as fases de revelações do Grande Negativo Interior, que então se revela para o Grande Positivo Exterior, que é a Matéria!

Os Engenheiros Siderais, ou Arcanjos Planetários, devem ser considerados os intermediários, o "elemento químico sideral" que revela e materializa o mundo exterior sob a Vontade de Deus e com as imagens preexistentes no Grande Negativo da Mente Divina, assim como o fotógrafo terráqueo revela as suas cópias positivas dos filmes ou chapas negativas. A soma global de tudo é a Realidade do próprio Criador, embora atuando sob o aspecto trifásico, que temos concepcionado nos gráficos da descida angélica, para um melhor entendimento humano.

Recordamos-vos que há o Princípio Incriado Gerante, como o Pensamento Original, que opera primeiramente pelo mecanismo da Mente e, consequentemente, pelo Grande Negativo. Em seguida, há o Princípio Criado Criante, como o conjunto crístico dos Arcanjos Edificadores, que produzem a "revelação", a coesão ou o Amor operante, atuando por último o Princípio criado, que é a ação fixando-se na figura dos mundos e das formas, tornando-se então o Agente que plasma o Pensamento Original Incriado. E, como a matéria, ou a energia condensada, através da fase da Noite de Brama, retornará ao estado de pura energia, os mundos físicos são provisórios, considerados a Grande Ilusão, ou seja, o "Maya" da tradição oriental, pois é aquilo que se transforma, que muda e, portanto, o produto do tempo e do Negativo Cósmico; não é o Original e sim o produto; não é a causa e sim o efeito.

PERGUNTA: — Como situar, nessa ideia do Grande Negativo Cósmico, que é eterno, a figura do espírito do homem, que tem sempre uma origem no tempo?

RAMATÍS: — Deus nunca teve princípio nem terá fim, enquanto que o homem teve princípio e não terá fim. O espírito do homem é imortal, porque foi gerado no Espírito Imortal do Pai; só pelo desaparecimento deste poderia também desaparecer o espírito do homem, porque Deus, na realidade, pode ser considerado o "pano de fundo" da consciência humana. A consciência do homem forja-se sempre num Grande Plano, através da descida da Massa Espírito até à fase da matéria, quando, então, a Consciência Total emite prolongamentos nas várias consciências menores, sem fragmentar-se na sua Realidade Eterna e Infinita. Na profundidade espiritual de qualquer consciência humana persiste sempre a unidade, o fundo imortal, que é o Espírito Divino único, assim como atrás dos raios individualizados do Sol persiste a unidade do núcleo gerador da Luz!

É por isso que a separatividade é uma grande ilusão e ocorre apenas na periferia humana. Se todas as consciências dos homens retornassem à sua origem, verificariam, com espanto, que constituem, em profundidade, uma só consciência, na mais soberba fusão de Luz Imortal, revelando o augusto mistério daquela frase pronunciada por Jesus: "Eu sou"! E todos comprovariam, então, que um único sonho e um mesmo ideal acalenta todas as ansiedades expressas sob diversos modos e formas!

É ainda Jesus, novamente, quem nos adverte dessa verdade, lembrando que as múltiplas consciências humanas são apenas prolongamentos da Consciência Cósmica do Pai, quando nos afirma "Eu e meu Pai somos um"!

A consciência do homem é imortal e indestrutível, no seio de Deus, porque só o próprio Deus que a criou é que a poderia destruir, mas isso não seria possível ante a impossibilidade de o Onipotente destruir em si mesmo aquilo que não pode eliminar para outro local fora de si mesmo!

PERGUNTA: — Podemos pressupor que esse Grande Negativo é o Espírito do Criador?

RAMATÍS: — Mais uma vez recomendamos que não tomeis "ao pé da letra" as nossas conjeturas, porquanto estamos apenas tentando dar-vos uma ideia do processo dinâmico da Criação, servindo-nos de imagens ao modo terrícola, a fim de atender aos hiatos da vossa inteligência. Deus não é o Negativo, nem mesmo a Mente Divina, mas pensou com a Mente tudo o que está no Grande Negativo. Deus, em todo o seu conjunto cósmico, abrange esse simbólico Grande Negativo, como o registro do seu eterno pensar, algo existente imutável, porque ele não muda nem progride, não estaciona nem retrograda. Ele sempre é! Qualquer modificação em Deus, mesmo para melhor do que a perfeição, seria sempre um movimento em si mesmo, para mais além de si mesmo, o que destruiria a ideia da imutabilidade.

Em verdade, só Deus é capaz de criar, porquanto o pensamento mais alto e a ideia mais original do Universo, ainda

Deus sempre a pensou antes que o espírito humano, que é apenas o produto da criação. A perene ascensão espiritual amplia cada vez mais a consciência do homem, ensinando-o a movimentar-se e a compreender as belezas superiores, a fim de concretizar os seus ideais sonhados, mas assim o faz manuseando as peças originais e intrinsecamente criadas por Deus!

PERGUNTA: — *Queixam-se alguns confrades de que essa ideia de Engenheiros Siderais confunde demais o divino com o humano. Podeis dizer-nos alguma coisa a respeito?*

RAMATÍS: — As palavras criadas pelos homens não revelam toda a Verdade criada por Deus. E, como Deus está em tudo que criou, indubitavelmente não existe algo especificamente "divino" ou "não divino", que esteja fora dele. Essa concepção é apenas para o efeito de apoio mental humano, necessário à alma que mal balbucia o alfabeto espiritual.

Os Engenheiros Siderais são, na realidade, as indescritíveis inteligências arcangélicas que atuam na região interna das forças arquetípicas dos mundos, nas próprias "matrizes" siderais, que permanecem latentes na Mente do Criador. Eles constituem os núcleos vivos de energias espirituais que alimentam a vida nos diversos reinos dos mundos físicos, que compuseram pela sua poderosa vontade inspirada pela Suprema Vontade do Pai. Após a consolidação desses mundos materiais surge, então, a indescritível hierarquia menor de trabalhadores, aos quais os edificadores também entregam as tarefas subsequentes. Os iniciados sabem que os mundos físicos e astrais são vestes de tecidos vivos, confeccionadas com as energias e potenciais atuantes nos quatro reinos da Natureza. Tradicionalmente, essas forças são conhecidas, no reino do fogo, como as salamandras; no reino das águas, como as nereidas ou ondinas; no reino da terra, como os gnomos, as fadas, e, no ar, como as sílfides e as fadinhas. Essas forças vivas, policrômicas, e que possuem configurações visíveis, são muito familiares aos clarividentes "positivos", isto é, àqueles que comandam realmente a sua faculdade e vêem o que desejam ver, diferindo dos clarividentes "passivos", que só vêem o que as entidades invisíveis determinam que vejam.

Os Engenheiros Siderais operam no limiar dessas forças

assombrosas, vivas, sutilíssimas e inquietas que, em incessantes movimentos vorticosos, situam-se sob o controle de uma consciência planetária, assim como a alma humana coordena as energias que se distribuem pelo corpo físico e as coloca em relação com o mundo exterior.

Temo-nos cingido à ideia de Engenheiros Siderais ou de Espíritos Construtores dos Mundos, só para atender melhor à dificuldade objetiva da mente ocidental, que ainda não possui a faculdade afinadíssima do oriental, que sabe sempre captar com facilidade o "espírito" das palavras. Do mesmo modo, temos feito referência a Anatomistas, Geólogos, Legisladores ou Zoólogos Siderais, a fim de que sejam avaliadas mais fielmente a natureza e a responsabilidade dos encargos de determinados grupos desses sublimes edificadores da vida física e humana. A tradição religiosa de todos os povos de há muito os tem anunciado sob as características de cada credo, religião ou doutrina espiritual: são os Arupa Devas e os Rupa Devas dos hindus ou budistas; os Senhores do Céu e da Terra, na linguagem dos Zoroastrinos ou, ainda, os Anjos ou Arcanjos, dos Maometanos, dos Cristãos e dos Hebreus ou, então, os Senhores Soberanos dos Quatro Elementos, assim denominados entre certas escolas ocultistas, e também os Magos dos Sete Mundos, das escolas atlântidas.[6]

No livro do Êxodo, os hebreus se referem às Cortes Angélicas dos Anjos do Senhor, quando aludem à existência dos Deuses ou dos Engenheiros Siderais, na seguinte exclamação: "Quem é semelhante a ti, ó Senhor, entre os Deuses!" (Êxodo, 15:11) Está implícita nessa frase a ideia do Criador, situado entre os Deuses que lhe obedecem ao pensamento original e criam os mundos, como Construtores Siderais.

As palavras, na função de símbolos que vestem ideias, não podem, naturalmente, dar definições a contento, quando essas ideias pertencem a regiões, dimensões ou estados que ultrapassam o mais genial conhecimento humano. Esses seres planetários operam nos mundos sem forma; numa conceitual região da Razão Pura e absolutamente indefinida na pobreza da terminologia terráquea, cuja linguagem ainda não

---

[6] Nota do revisor: - Vide obra *Evolução em Dois Mundos*, cap. I; Fluído Cósmico, pág. 19, ditada pelo espírito de André Luiz aos médiuns Chico Xavier e Waldo Vieira, editada pela Federação Espírita Brasileira.

satisfaz nem ao menos às próprias necessidades humanas!

PERGUNTA: — Alguns dos que têm lido as vossas mensagens têm pensado que, pelo fato de não ser possível descrever e compreender-se a realidade da existência desses Engenheiros Siderais, a maioria dos leitores há de conceituá-los sempre numa situação bastante humana. Não é assim?

RAMATÍS: — Indiscutivelmente estareis equivocados se configurardes os Engenheiros Siderais como gigantescas figuras que se movem entre fitas métricas, transferidores e tábuas trigonométricas, à mão, riscando afanosamente, na tela do céu, e fazendo valas na abóbada sidérea, a fim de comporem sistemas solares ou imensuráveis galáxias estelares! Enunciamos um tipo de "fazedores de mundos" assim como a boa literatura espírita se tem referido aos Construtores ou Edificadores do Cosmo; afidalgamos a ideia sob a concepção familiar de edificar e não de criar, porquanto já vos temos explicado que nada se cria no Universo, porquanto Deus já criou tudo.

Desde que, em assunto abstrato como este, tomeis a vestimenta pela ideia, ou a palavra pelo espírito, é óbvio que vos equivocareis. Os próprios vocábulos Deus, Absoluto, Jeová, Parabrahan, Motor Imóvel, Divino Movente, Centro Infinito, Foco Criador, Senhor dos Mundos, Pensamento Incriado, Lei Suprema ou Onipotente, de modo algum descrevem o Autor da Vida ou definem a Realidade Cósmica! Mas seria incongruência que o homem, ao conceber Deus como o Imperador dos Mundos, o imaginasse como um notável conquistador apoiado sobre incontável exército de orbes e apreciando os seus domínios, sob festivas fanfarras das hostes angélicas. Pelo fato de nomeá-lo o Divino Motor Imóvel, nem por isso deveis configurá-lo como gigantesca maquinaria rodopiante no Cosmo!

O Engenheiro Sideral, o Arupa Deva ou o Arcanjo Planetário, usa de sua vontade poderosa fora do tempo e do espaço; aglutina a energia, condensa-a sob processos inacessíveis à mente humana e se torna então o "revelador" das matrizes siderais, pensadas eternamente por Deus. Opera de dentro para fora, assim como o faquir, pela sua vontade disciplinada, faz a semente de abóbora germinar em alguns minutos.

O Pensamento Criador do Onipotente situa-se na mente de seus prepostos arcangélicos, no plano mental abstrato, e, em seguida, baixa ao plano mental concreto; deste desce para o campo vibratório da região astral, até pulsar na região etereoquímica, onde se confeccionam os moldes de todas as expressões da vida física sob essa inspiração mais alta. Dessa última zona é que surgem no mundo físico todas as ações e a vida, que se interpenetram das energias dos planos antecedentes, do qual os cientistas comuns ainda ignoram a verdadeira origem.

No estado atual da mente humana, é ainda dificílimo descrever a descida do espírito angélico virginal até formar as suas "escotilhas vivas" no mundo material, através das quais compõe novos centros de consciências humanas, que despertam da longa hipnose para o conhecimento sidéreo e a ventura de existir.

Os vocábulos de que algumas instituições espiritualistas ou escritores geniais se utilizam para definir esse processo, embora insinuem a ideia básica da Criação, sempre deixam a desejar quanto à sua significação; quer sejam os "motos vorticosos", as "emanações setenárias", os "pralayas" ou os "chacras cósmicos", são definições geniais, que distam muito, porém, da realidade eterna e indefinida do ALGO que nos criou, porque a sua mente humana se move em dimensões e planos completamente opostos àqueles em que atuam os Arcanjos Edificadores, ou Engenheiros Siderais.

PERGUNTA: — Porventura, a nossa bagagem humana, coligida nos milênios findos, ainda não nos pode oferecer os meios de uma compreensão satisfatória desses planos opostos?

RAMATÍS: — Já vos advertimos de que nos estamos cingindo mais às dissertações "ocidentalizadas", porquanto a mente ocidental é muito adstrita às fórmulas geométricas do mundo provisório da matéria, enquanto que os estudiosos do Oriente servem-se dos vocábulos apenas como simples "detonadores" psíquicos, que os fazem sentir a verdadeira mensagem interna. A "Voz Silenciosa" só é ouvida depois que a mente se liberta de qualquer condicionamento psicológico, religioso, doutrinário, acadêmico ou científico do mundo exterior. A mente deve estar limpa de todas as fórmulas familiares, agradáveis ou desagradáveis, do mundo transitório; há que assemelhar-se à chapa virgem, da fotografia, para que novas impressões não se confundam ou se deformem no fundo das velhas ideias estratificadas.

Os estudantes orientais entregam-se ao "êxtase" sem premeditação, e procuram ouvir a "Voz sem Som" do Espírito Cósmico que está em todos nós. Eles não opõem barreiras humanas construídas, compiladas ou repetidas por sábios, cientistas, filósofos ou instrutores, que são outros homens criados por Deus e não podem saber mais do que a própria "Voz de Deus" soando no interior da alma! E nessa captação da Fonte Pura de todo o conhecimento, sem objeção e sem desconfiança, sem premeditações ou apartes, flui-lhes, então, a melhor solução das coisas da Vida. E, como não podem explicar aquilo que sentem no "samadhi", ou no êxtase, quando o "Eu sou" está acima do pensamento humano, limitam-se a sorrir, tolerantes, quando os ocidentalistas lhes fazem indagações obscuras ou intoxicadas pelo excessivo intelectualismo das milenárias repetições dos homens! Não podendo transmitir a experiência que também teria que ser vivida pelos seus opositores acadêmicos, científicos ou filosóficos, o recurso é aguardarem o despertamento dos outros. Paradoxalmente, quando esses outros efetuarem a mesma experiência, eles também sentirão a mesma Realidade que os primeiros sentiram; por isso dispensarão as explicações intelectivas, mas também não poderão explicar a própria experiência!

Esse "sentir" antes de "saber" torna os verdadeiros iniciados avessos à costumeira verborragia do Ocidente, em que o intelectual, o cientista ou o acadêmico compulsam centenas de compêndios gigantescos e martirizam o público exausto, a fim de defenderem ou provarem teses que o "gnani yoga" compreende num minuto de "samadhi"!

As brilhantes acrobacias ocidentais, no trapézio da mente, muito raro oferecem a senda que pede o silêncio na mais profunda libertação interior, porque as coisas espirituais só podem ser conhecidas, sabidas e explicadas, depois de perfeitamente sentidas.

PERGUNTA: — A existência de cometas errantes, que surgem bruscamente nas várias constelações, não desmente, por-

ventura, os planejamentos siderais a que vos costumais referir?

RAMATÍS: — Os cometas, constituídos de matéria rarefeita, embora não ofusquem nem influenciem o curso dos planetas, não são exclusivamente astros errantes, sem objetivos definidos na mecânica celeste. A regularidade de suas órbitas foi comprovada por retornos periódicos. Entretanto, obedecendo exatamente aos planos dos Engenheiros Siderais, os cometas revitalizam, na sua passagem, a atmosfera dos sistemas planetários, aumentando-lhes, principalmente, as cotas de hidrogênio, nitrogênio e hélio, substâncias estas que eles possuem em abundância nas suas nebulosidades ou cabeleiras luminosas.

PERGUNTA: — E os abalroamentos que se verificam no Cosmo não contrariam, também, um plano preestabelecido há tantos milênios?

RAMATÍS: — Só quando os mundos estão esgotados e consumidos em suas vitalidades, gélidas as suas atmosferas e mesmo em deserção a sua aura astral, é que se sucedem os choques ou abalroamentos, que fundem suas matérias em nova expressão energética no Cosmo. Mas na economia sideral nenhum corpo é destruído antes de cumprir a sua missão predeterminada. Esse acontecimento ainda obedece hermeticamente aos detalhes dos planos antecipados, pois um equívoco sideral seria prova de incompetência dos Arcanjos Criadores sob a vontade do Pai!

Quando a Terra estiver exaurida no seu magnetismo, e árida em sua superfície, imprópria para a vida sob qualquer condição, encaminhar-se-á, melancolicamente, para a dissolução no Infinito, na feição da substância que se transforma em energia pela decomposição orgânica. E quando por choque, ou por desgaste, ou diluição, ou explosão, se dissolver no Cosmo, a energia nutrir-se-á outra vez, para servir a outros Grandes Planos futuros.

PERGUNTA: — Por que motivo não encontramos nos ensinamentos de Jesus quaisquer referências que possam ajustar-se às vossas considerações siderais?

RAMATÍS: — Precisais lembrar-vos de que Jesus se rodeava de apóstolos aliciados entre os pobres pescadores incultos, daquela época; além de ignorantes quanto aos raciocínios sobre o mundo invisível, a maioria estava subjugada aos ritos e aos dogmas religiosos das velhas sinagogas, cujos ensinamentos se baseavam na figura de um Jeová feroz, guerreiro e sanguinário, sempre pronto a se desforrar da incúria de seus filhos. Mesmo em seu próprio lar, Jesus não poderia externar os seus profundos pensamentos sobre um Deus Magnânimo, capaz de amar os próprios pecadores, sem que despertasse a desconfiança de todos. A família de Jesus era afeita à devoção religiosa comum, e José era entendido nos livros sagrados e no "Torah", onde Moisés pontificava colérico, exprobrando os pecados do mundo!

Atendendo à lei divina de afinidade espiritual, Jesus se aproximara dos patriarcas essênicos, que já lhe haviam preparado a "abóbada espiritual" no campo invisível adjacente à Terra; nesse convívio com os Rabis, libertos dos condicionamentos milenários, e contando, ainda, com a amizade útil e sincera de José de Arimatéia e Nicodemus, o Mestre desafogava, então, a sua sede de falar e expunha o seu verdadeiro entendimento a respeito do Criador e da Vida. Mas, fora desses grupos compreensíveis da Realidade Superior, não lhe era aconselhável "atirar pérolas aos porcos", como ele mesmo dizia, e como impunha o conhecimento interior. Aqueles dois excelsos amigos de Jesus, dotados de um poder penetrante e extraordinário, além de cultos eram devotados à ciência hermética — à conhecida "Cabala", cultuada na época e na feição das práticas espíritas atuais. Além dos inúmeros conhecimentos compulsados na velha Índia iniciática, entre os hierofantes egípcios e os magos da Fenícia, eles investigavam velhos papiros contendo fragmentos das civilizações extintas, da Atlântida e Lemúria.

Dos apóstolos e discípulos de Jesus, apenas João Evangelista ficou a par de algumas notificações mais sérias e importantes, porque Jesus preparava-lhe o espírito, a fim de que mais tarde pudesse recepcionar a contento as visões que descreveu no livro do Apocalipse. Em consequência, os atuais ensinos — que deveis situar atualmente à luz do próprio homem comum, da época de Jesus — estavam ocultos sob o véu iniciático, a fim de não se estigmatizarem no manuseio imprudente dos incautos, tolos e imaturos de espírito! Jesus não deixou anotação ou citação alguma de tais realidades ocultas, porque ninguém o entenderia, afora aqueles que não precisavam ser esclarecidos, porque já eram iniciados no assunto. Podereis avaliar o espanto que se originaria, na época de Jesus, com tais explicações, pelo protesto que a mente humana do vosso século faz contra certa parte dos nossos atuais comunicados, onde aqueles que não perceberam ainda a "essência iniciática" da ideia de Deus — que será familiar no terceiro milênio — não se conformam com a nossa enunciação, embora já conhecida há muitos milhares de anos!

PERGUNTA: — *A ideia de Deus, no nosso mundo, é muito confusa. Há os que dizem que Jesus é o próprio Deus; outros que afirmam que determinada parte dos atributos de Deus continuou na sua feição angélica, virginal e incriada, enquanto outra caiu, na alegoria de Lúcifer, que representa a rebeldia dos anjos, formando a consciência da nossa humanidade. Que nos dizeis a esse respeito?*

RAMATÍS: — A confusão é consequente da concepção iniciática dos três princípios básicos divinos numa só Unidade, em que Deus é Pai, Filho e Espírito Santo ou Agente na forma. As religiões dogmáticas tornaram demasiadamente humanos esses três "princípios", transformando-os em três "pessoas" da Santíssima Trindade. Na realidade, o Pensamento Incriado Gerante, como princípio original do Cosmo, atua, em sua manifestação exterior, através de um "elo", que é o segundo princípio intermediário denominado o atributo Criado e Criante, mais tradicionalmente conhecido pelo **Cristo**, o Amor ou a Coesão planetária. O terceiro princípio apenas criado, na alegoria do **Espírito Santo**, ou seja, o espírito que pratica a ação, plasmando-se na forma, materializa a Vontade de Deus pelo seu Pensamento Incriado, recebendo o **sustento** através do Cristo Cósmico, o segundo princípio Criado Criante. Isto posto, esse segundo princípio, o **Cristo,** ou **Deus-Filho,** não desce até à configuração material, para compor a forma física ou incorporar-se como energia acumulada, em que o terceiro princípio se situa. Na figura de "ponte viva" entre o Pensamento Original Incriado e o terceiro princípio plasmado no Cosmo material, o **Cristo Cósmico** é realmente a parte que não atinge a vibração letárgica da expressão-matéria e, portanto, não faz o descenso até esta fase, porque é o **elo** entre o **pensar** interno e o **existir** no exterior. É o canal que, no Cosmo e no seio do próprio Absoluto, une as duas margens extremas da Criação — o Deus Pai, Pensamento Incriado, ao Deus-Espírito Agente, na configuração material. E Jesus confirma essa condição crística do Amor Cósmico — que é o divino simbolismo do Deus-Filho — quando afirma no seu Evangelho: "Eu sou o **Caminho,** a Verdade e a Vida". Nessa hora, era o Cristo Planetário da Terra que falava por Jesus, isto é, um prolongamento do Cristo Cósmico ou do princípio de Coesão Cósmica e Amor Espiritual.

A divina iniciação da vida humana obedece fundamentalmente ao esforço hercúleo para a alma alcançar esse Elo Crístico que se mantém unindo o Pensamento Incriado de Deus e a sua própria emanação, que é a matéria vestindo a sua ideia fundamental e cuja vontade é transmitida pelo seu Filho, o Cristo Cósmico.

PERGUNTA: — *Poderíeis dar-nos uma ideia de senso comum, para melhor abrangermos em nosso entendimento as vossas considerações?*

RAMATÍS: — Considerai o vosso espírito como sendo o pensamento original incriado; o vosso **perispírito** como sendo o segundo princípio, criado-criante, que foi instituído pela ideia origem, e que depois pôde criar o terceiro princípio, o **corpo físico,** atuando sobre a energia, e aglutinai, por analogia, esta ideia à tradição de que "o Espírito Santo atuou na substância virgem e esta concebeu a vida física". Percebereis, agora, que o pensamento incriado, considerado o pai, por intermédio do atributo criado-criante (o filho ou o perispírito) tem a sua ideia original plasmada em forma, pelo terceiro atributo agente, que forma então o corpo físico, ou seja, o Cosmo humano.

Torna-se claro, agora, que esse perispírito, ou o duplo etereoastral, situa-se entre o pensamento original e o corpo humano; ele é o **elo,** o princípio de coesão que, sob a vontade diretora, sustenta o produto materializado na forma física. Como tal, não **desce** ou não cai até o plano material, mas apenas serve de **ligação** entre os dois extremos máximos, que são o espírito-origem e a matéria-produto.

PERGUNTA: — Ouvimos alguns confrades afirmarem que o Universo continua em processos de aperfeiçoamento, o que nos deixa algo confusos. Então Deus não é Perfeito? Não é ele, sob essa condição, o Autor do Universo, que também devia ser perfeito?

RAMATÍS: — Onde é que está um outro Universo perfeito, com o qual possais ter comparado o Universo atual, de modo a saberdes ou a chegardes à conclusão de que o Universo em que viveis ainda está em processo de aperfeiçoamento? Deus não pode crescer para dentro nem para fora; nem qualquer transformação será viável em si mesmo, porque implicaria em contraste com "algo" além de si! Como Deus é o Tudo e o Todo, nada existe além dele; só ele mesmo poderia dizer-nos se o Universo é perfeito ou imperfeito. As vossas considerações sobre o que seja perfeição baseiam-se nas próprias aferições humanas e não na originalidade do Criador; elas surgiram dos contrastes criados por vós mesmos em vossas vidas de relações comuns com o panorama passível de vossa percepção. Na realidade, a afirmação de que o Universo continua em processo de aperfeiçoamento só pode ser consequente do paradoxo de uma comparação de Deus em relação ao próprio Deus. Sabe-se que há imperfeição, devido justamente a ter-se consciência de que um Deus deve ser perfeito! Trata-se de simples jogo de palavras, pois as ideias, as comparações e as deduções formuladas são ainda produtos manuseados num dos planos mais rudimentares, qual seja o da matéria, a última fase da descida angélica.

A força desse conceito de perfeição ou imperfeição, emitido pelo homem sobre o Criador, ainda é bem menor do que a opinião do micróbio que procura avaliar a estrutura exata do pico do Himalaia onde vive soterrado no seio de um átomo! A impossibilidade de a criatura abranger o Criador em sua plenitude cósmica afasta-lhe, também, a capacidade de concluir quanto a qualquer um dos seus atributos absolutos.

PERGUNTA: — Porventura, essas vossas dissertações não são ainda prematuras para o nosso atual entendimento? Há um deslocamento doloroso em nossas mentes, quando temos que abandonar velhos conceitos ainda não de todo compreendidos, para admitirmos concepções que nos parecem tão complicadas.

RAMATÍS: — Há que recordar o pensamento do próprio Jesus, nos seus ensinamentos evangélicos, quando deixa bem claro que "no fim dos tempos seria dita toda a Verdade". E o Mestre ainda acrescentou: "Mas o Consolador, que é o Espírito Santo, a quem o Pai enviará em meu nome, vos ensinará todas as coisas e vos fará lembrar de tudo o que tenho dito" (João, 14:17-26). Alhures, ainda disse Jesus: "Conhecereis a Verdade e a Verdade vos libertará".

A dor mental que acicata a criatura quando ela deve desprender-se das velhas fórmulas, que se petrificaram sob raciocínios estandardizados, nunca será evitada, porque a evolução aguilhoa o homem de tal modo que mais tarde ou mais cedo terá que sofrer a angústia de libertar-se do passado! Nunca solucionareis os vossos problemas na fuga deliberada; eles continuarão a exigir-vos decisões definitivas!

O que vos estamos transmitindo são conhecimentos velhíssimos e corriqueiros entre os pesquisadores da filosofia oriental, em cujo ambiente nos situamos em várias romagens terrenas. Eles têm sido conservados desde os primórdios das civilizações, na atmosfera dos templos iniciáticos, mas, nos dois últimos séculos, já estão prodigamente esparsos pelas prateleiras de vossas livrarias, como jóias esquecidas pela mente demasiadamente intelectiva e menos sensível do ocidental. Naturalmente sois abalados com os enunciados, na sua expressão demasiadamente humanizada; no entanto, assim temos que expor, em face da exigência muito objetiva do homem do Ocidente; doutro modo, discorreríamos apenas num sentido evocativo, manuseando os vocábulos já consagrados na tradição iniciática milenar, e os vossos espíritos é que terminariam compondo a real tessitura do que pretendíamos dizer-vos.

Ramatís
Mensagens do Astral
Capítulo 14

Jesus de Nazaré
e o Cristo Planetário

PERGUNTA: — Conforme deduzimos de vossas palavras, então Jesus é uma entidade e o Cristo outra? Porventura tal concepção não traz mais confusão entre os católicos, protestantes e espíritas, já convictos de que Jesus e o Cristo são a mesma pessoa?

RAMATÍS: — Em nossas singelas atividades espirituais, nós transmitimos mensagens baseadas em instruções recebidas dos altos mentores do orbe. Portanto, já é tempo de vos afirmar que o Cristo Planetário é uma entidade arcangélica, enquanto Jesus de Nazaré, espírito sublime e angélico, foi o seu médium mais perfeito na Terra. O excessivo apego aos ídolos e às fórmulas religiosas do vosso mundo terminam por cristalizar a crença humana, sob a algema dos dogmas impermeáveis a raciocínios novos e para não chocar o sentimentalismo da tradição. As criaturas estratificam no subconsciente uma crença religiosa, simpática, cômoda ou tradicional e, obviamente, terão de sofrer quando, sob o imperativo do progresso espiritual, têm de substituir sua devoção primitiva e saudosista por outras revelações mais avançadas sobre a Divindade. Os religiosos de tradição, herdeiros e repetidores da crença dos seus avoengos e preferida pela família, habituados a "adorar" e jamais "pensar", sentem-se amargurados quando têm de abandonar as imagens preferidas de sua devoção e substituí--las por outras mais estranhas.

Assim, correspondendo à assimilação progressiva humana, Deus primeiramente foi evocionado pelos homens primitivos através dos fenômenos principais da Natureza, como o trovão, a chuva, o vento, o mar, o Sol. Em seguida, evoluíam para a figura dos múltiplos deusinhos do culto pagão. Mais tarde, as pequenas divindades fundiram-se, convergindo para a ideia unitária de Deus. Na Índia honrava-se Brahma, e Osíris, no Egito; e Zeus no Olimpo; enquanto os druidas, no seu culto à Natureza, cultuavam também uma só unidade. Moisés expressa em Jeová a unidade de Deus, embora ainda o fizesse bastante humanizado e temperamental, pois todos os sentimentos e emoções dos hebreus, no culto religioso, fundiam-se com as próprias atividades do mundo profano. Com o aparecimento de Jesus, a mesma ideia unitária de Deus evoluiu então para um Pai transbordante de Amor e Sabedoria, que pontificava acima das quizílias humanas, embora os homens ainda o considerassem um doador de "graças" para os seus simpatizantes e um juiz inexorável para os seus contrários.

Tais ideias expressam-se de acordo com a psicologia, o sentimento e a cultura de cada povo. Osíris, no Egito, inspirou o culto da morte, enquanto Brahma, na Índia, recebia homenagens fabulosas como o primeira da Trindade divina do credo hindu. Mas, também havia Moloc a exigir o sacrifício de tenras crianças e, finalmente, Jeová, entre os hebreus, louvado com o holocausto de animais e aves, além de valiosos presentes dos seus devotos. Mais tarde, o Catolicismo definiu-se pela ideia do Criador na figura de um velhinho de barbas brancas, responsável pela criação do mundo em seis dias, pontificando dos céus, atrás das nuvens, mas ainda sensível à oferenda de velas, flores, incenso, relíquias e auxílios necessários à manutenção do serviço divino no mundo terreno. Atualmente, a doutrina espírita ensina que "Deus é a Inteligência Suprema, causa primária de todas as cousas", descentralizando a Divindade do antropoformismo, para ser entendida animando todos os acontecimentos da Vida.

Não há dúvida; já é bem grande a diferença entre a concepção espírita e os deuses mitológicos, que presidiam os fenômenos da Natureza ou se imiscuíam na vida dos seus devotos. No entanto, ainda existe diversidade da própria fórmula espiritista, em confronto com outras explicações iniciáticas do ocultismo oriental. Em verdade, essa ideia da pluralidade divina foi-se atenuando com a própria evolução do homem na esfera da Filosofia e no campo da Ciência; porém, se isto lhe facultou maior assimilação da Realidade do Criador, aumentou, no entanto, a sua responsabilidade espiritual. Quando o religioso tradicional tem de abandonar o seu velho mito ou modificar sua ideia formal da Divindade, acariciada há tanto tempo e infantilmente sob a proteção do sacerdócio organizado, ele então sofre na sua alma; e, da mesma forma, sofrem os adeptos de doutrina como o Espiritismo, ante a concepção de que Jesus é uma entidade à parte do Cristo, o Logos ou Espírito planetário da Terra.

Todavia, o mais importante não reside, propriamente, nas convicções da crença de cada um, na caminhada da sua evolução mental e espiritual, mas no seu comportamento humano, quando o homem atinge um discernimento mais exato e real quanto às suas responsabilidades e à forma de se conduzir perante o Deus único, cuja Lei Divina abençoa os que praticam o Bem e condena os que praticam o Mal. Os homens mais se aproximam da Realidade à medida que também se libertam das crenças, pois estas, quer sejam políticas, nacionais ou religiosas, separam os homens e os deixam intolerantes, tanto quanto se digladiam os torcedores pelo demasiado apego a uma determinada associação desportiva. Vale o homem pelo que é, o que faz e o que pensa, pois a crença, em geral, é mais uma fuga da realidade.[1]

Os próprios espíritas, em sua maioria, embora já possuam noções mais avançadas da realidade espiritual, ainda se confrangem, quando se lhes diz que o Cristo é um Arcanjo Planetário e Jesus, o Anjo governador da Terra. O anjo é enti-

[1] Transcrevemos da obra de Krishnamurti, *A Primeira e última Liberdade*, em seu capítulo XVI, "Sobre a Crença em Deus", o seguinte trecho que coincide bastante com o pensamento de Ramatís: "Há muitas pessoas que crêem; milhões crêem em Deus e encontram consolo nisso. Em primeiro lugar, por que credes? Credes porque isso vos dá satisfação, consolo e esperança; e dizeis que essas coisas dão sentido à vida. Atualmente vossa crença tem muito pouca significação, porque credes e explorais, credes e matais, credes em um Deus universal e assassinai-vos uns aos outros. O rico também crê em Deus; explora impiedosamente, acumula dinheiro e depois manda construir uma igreja e se torna filantropo. Os homens que lançaram a bomba atômica sobre Hiroshima disseram que Deus os acompanhava; os que voavam da Inglaterra para destruir a Alemanha, diziam que Deus era seu co-piloto. Os ditadores, os primeiros-ministros, os generais, os presidentes, todos falam de Deus e têm fé imensa em Deus. Estão prestando algum serviço, estão tornando melhor a vida do homem? As mesmas pessoas que dizem crer em Deus devastaram a metade do mundo, e o deixaram em completa miséria. A intolerância religiosa, dividindo os homens em fiéis e infiéis, conduz a guerras religiosas. Isso mostra o nosso estranho senso político."

dade ainda capaz de atuar no mundo material, cuja possibilidade a própria Bíblia simboliza pelos sete degraus da escada de Jacó; mas o arcanjo não pode mais deixar o seu mundo divino e efetuar qualquer ligação direta com a matéria, pois já abandonou, em definitivo, todos os veículos intermediários que lhe facultariam tal possibilidade. O próprio Jesus, Espírito ainda passível de atuar nas formas físicas, teve de reconstruir as matrizes perispirituais usadas noutros mundos materiais extintos, a fim de poder encarnar-se na Terra.

PERGUNTA: — Em face dessa distinção de Jesus ser o intermediário do Cristo Planetário da Terra, gostaríamos que nos désseis maiores esclarecimentos sobre o assunto.

RAMATÍS: — Jesus, como dissemos, não é o Cristo, mas a consciência angélica mais capacitada para recepcionar e cumprir a sua vontade em cada plano descendente do reino angélico até a Terra. Em sua missão sublime, Jesus foi a "janela viva" aberta para o mundo material, recebendo do Cristo as sugestões e inspirações elevadas para atender à salvação das almas, em educação na crosta terráquea. No entanto, Jesus também ascensiona ininterruptamente pela expansão ilimitada de sua Consciência e libertação definitiva das formas dos mundos planetários transitórios. É provável, portanto, que no próximo "Manvantara" ou "Grande Plano" ele também já se gradue na escala arcangélica; e então participará diretamente da criação dos mundos sob a inspiração do Arcanjo, do Logos ou do Cristo do vosso sistema solar.

É o Arcanjo, o Logos ou Cristo Planetário da Terra, cuja Luz e Essência Vital, em perfeita sintonia com a vontade e o plano de Deus, então alimenta a alma da humanidade terrícola. Os homens vivem embebidos de sua essência sublime e, por isso, sentem no âmago de suas almas uma direção que os orienta, incessantemente, para as melhores aquisições espirituais no mundo educativo da matéria. As criaturas mais sensíveis, os intuitivos e os inspirados, às vezes identificam essa "voz oculta" a lhes falar silenciosa e ternamente nas belezas edênicas, que os aguardam após o desenlance do corpo carnal. Assim, o Logos, o Verbo ou o Cristo do planeta Terra, em determinado momento passou a atuar diretamente pelo seu intermediário Jesus, anjo corporificado na figura humana, transmitindo à humanidade a Luz redentora do Evangelho. No entanto, o Cristo planetário não podia reduzir-se ao ponto de vibrar ao nível da mentalidade humana ou habitar a precariedade de um corpo de carne. Alguém poderá colocar toda a luz do Sol dentro de uma garrafa?

PERGUNTA: — Os teosofistas dizem que os Arcanjos são entidades oriundas de uma linhagem à parte e jamais viveram na face da matéria, cuja evolução ainda segue diretrizes diferentes dos homens. Isso é exato?[2]

RAMATÍS: — Jamais existem duas medidas diferentes no plano da Criação e da manifestação do Espírito em peregrinação, para adquirir sua consciência individual. A centelha espiritual surge simples e ignorante em todas as latitudes do Cosmo, adquire o seu limite consciencial situando-se nas formas efêmeras dos mundos planetários e depois evolui através do transformismo das espécies. O esquema evolutivo é absolutamente um só; sensação através do animal, emoção através do homem, sabedoria através do anjo e o poder e a glória através do arcanjo! São condições inerentes a todos os espíritos, porquanto Deus não modifica o processo de sua criação fora do tempo e do espaço. Não existem duas espécies de processos evolutivos, em que uma parte dos espíritos progride exclusivamente no "mundo interno" e a outra inicia-se pelo "mundo externo". A matéria, conforme prova a ciência moderna, é apenas "energia condensada"; em consequência, não há mérito para o ser evoluir apenas no seio da "energia livre", ou qualquer demérito em submeter-se somente à disciplina letárgica da "energia condensada". A evolução é fruto de uma operação espontânea, um impulso ascendente que existe no seio da própria centelha por força de sua origem divina. À medida que se consolida o núcleo consciencial ainda no mundo do Espírito, a tendência expansiva dessa consciência primária é de abranger todas as coisas e formas, e por esse motivo ela não estaciona, num dado momento, no limiar das formas físicas, mas impregna-as impelidas pelo impulso criador de Deus. Assim, o mais insignificante átomo de consciência espiritual criado no seio do Cosmo jamais poderá cercear o ímpeto divino que o aciona para a angelitude

---
[2] Vide a obra *A Fraternidade dos Anjos e dos Homens*, de George Hogdson. Obra editada pela "Livraria Editora O Pensamento".

e, consequentemente, para a própria condição arcangélica. Isso comprova-nos a Justiça, a Bondade e a Sabedoria de Deus, sem quaisquer privilégios ou diferenciações na escalonada do Espírito em busca de sua eterna ventura. Todo Arcanjo já foi homem; todo homem será Arcanjo — essa é a Lei! Aliás, a importância da vida do Espírito não é quanto à contextura da instrumentação provisória usada para despertar sua consciência; mas, sim, aquilo que desperta, acumula e desenvolve em si mesmo, habitando a Terra ou somente o Espaço. Não há milagres nem subterfúgios da parte de Deus; nenhuma entidade espiritual, malgrado ser um Logos Solar, poderá ensinar, orientar e alimentar humanidades encarnadas, caso não se trate de uma consciência absolutamente experimentada naquilo que pretende realizar. Não havendo "graças" imerecidas, nem privilégios divinos, obviamente os arcanjos também fizeram sua escalonada sideral sob o mesmo processo extensível a todas as almas ou espíritos impelidos para o seu aperfeiçoamento. Se um Arcanjo ou Logos planetário pode ligar-se ao Espírito de um medianeiro, como o Cristo uniu-se a Jesus, e sendo incessante o progresso espiritual, mais cedo ou mais tarde, o próprio Jesus alcançará a mesma frequência e graduação arcangélica. E quando o espírito do homem alcança a condição beatífica de Arcanjo, ele é então chamado o "Filho Sideral"; é um Cristo, cujo estado espiritual absoluto é o Amor, como a "Segunda Manifestação de Deus" ou a "Segunda Pessoa da Santíssima Trindade", ainda tão mal compreendida entre os católicos e os protestantes, e injustamente criticada pelos espíritas ortodoxos.

Assim, o Logos ou Cristo planetário da Terra é realmente a Entidade Espiritual que, atuando na consciência global de toda a humanidade terrícola, alimenta e atende a todos os sonhos e ideais dos homens. É a Fonte Sublime, o Legado Sideral de Deus doando a Luz da Vida; o "Caminho, a Verdade e a Vida", em ação incessante através da "via interna" de nossa alma. Não é evidente que a lâmpada elétrica de vosso lar busca sua luz e força no transformador mais próximo, em vez de solicitá-la à Usina distante? Deus, como "Usina Cósmica" e alimentador do Universo, legou aos seus Arcanjos, transformadores divinos de Luz e Vida, o direito e a capacidade de atenderem às necessidades humanas nas crostas terráqueas, doando-lhes a energia devidamente dosada para a suportação e benefício espiritual de cada ser. Não há desperdício energético no Cosmo; jamais a Divindade oferece um tonel de água para quem só pode suportar o conteúdo de um copo.

Os homens perdem-se pelos escaninhos dos raciocínios obscuros, buscando a verdade e a glória através de processos complexos e escravizando a razão às formas transitórias, enquanto, junto de si, continua o copo de água refrescante do Evangelho, capaz de saciar toda sede humana. Mal sabem eles que Jesus codificou, em linguagem simples e de execução fácil, o pensamento e a glória do próprio Cristo Planetário.

PERGUNTA: — Existe alguma referência bíblica indicando-nos que o Cristo é realmente um Espírito planetário, e não o próprio Jesus de Nazaré?

RAMATÍS: — Conforme já temos dito, cada orbe tem o seu Logos ou Cristo planetário, seja a Terra, Marte, Júpiter, Saturno ou Vênus. De acordo com a graduação espiritual de suas humanidades, também há maior ou menor absorvência da aura do seu Cristo, o que, às vezes, é assinalado com acerto pelos astrólogos, no estudo de suas cartas zodiacais coletivas.

Quanto mais evoluída é a humanidade de um orbe, ela também é mais sensível ou receptível à vibração espiritual do seu Arcanjo planetário; sente mais intimamente a sua influência benfeitora e pende para as realizações superiores.

No entanto, quando chega a época tradicional de "Fim de Tempos" ou de seleção espiritual nos planetas promovidos a melhor padrão educativo, é feita a separação no simbolismo dos lobos, das ovelhas, do joio e do trigo. Então os espíritos reprovados são considerados à esquerda do seu Cristo planetário, ou seja, à esquerda do Amor. Em seguida são exilados para orbes inferiores, cuja vida inóspita afina-se com o conteúdo espiritual violento, agressivo e despótico, que é próprio da sua graduação inferior. Essa emigração incessante de orbe para orbe, então gerou a lenda bíblica da "queda dos anjos", ou seja, espíritos talentosos, astutos e orgulhosos que subvertem as atividades do Bem, pelo abuso do poder e de privilégios em suas existências planetárias.

Mas é João Evangelista, no Apocalipse, quem deixa entrever de modo sibilino e sem duplicidade que o Cristo é uma entidade e Jesus outra, quando assim ele diz: "E eu ouvi uma grande voz no céu, que dizia: Agora foi estabelecida a salvação, e a fortaleza, e o reino de nosso Deus, e o poder do seu Cristo; porque foi precipitado o acusador de nossos irmãos, que os acusava dia e noite diante de nosso Deus" (Apocalipse, 12:10). João se refere, indiretamente, ao Cristo planetário do vosso orbe, de onde é enxotado Satanás, após a profética seleção espiritual, ou seja, simbolizado na comunidade de espíritos rebeldes ao Amor do seu Cristo!

Quando chega a época de "Fim de Tempo", ou de limpeza astralina de um orbe, então emigram os espíritos trevosos e rebeldes que lhes infestam a aura e reduzem a frequência vibratória da luz crística provinda do interior. Depois de afastados da aura do orbe higienizado, é óbvio que este também se mostra menos denso na sua contextura astralina e por isso aflora maior quantidade de Luz do seu Cristo planetário ao ambiente selecionado. Essa operação de técnica sideral, João enuncia no Apocalipse, ao dizer que "o poder do seu Cristo foi restabelecido após a expulsão de Satanás". Usando de exemplo rudimentar, diríamos que a simples providência de se espanar uma lâmpada obscurecida pelo pó, permite-lhe maior projeção de sua luz em torno. É por isso que a "Segunda vinda do Cristo" será exclusivamente pela via interna do espírito do homem, e não conforme descreve a mitologia religiosa, pois quanto mais se sensibiliza o ser, mais ele poderá absorver a luz espiritual do seu Cristo.

Em consequência, o divino Logos ou Cristo já atuou através de Moisés, Krishna, Isaías, Zoroastro, Buda, Maomé, Confúcio, Fo-Hi, Anfión, Numu e muitos outros instrumentos humanos. Mas Jesus foi o mais fiel intérprete do Cristo planetário, na Terra; ao completar 30 anos de idade física, quando lhe baixa sobre a cabeça a pomba simbólica do Espírito Santo, durante o batismo efetuado por João Batista, Jesus passou a viver, minuto a minuto, as fases messiânicas do plano espiritual, traçado pelo seu elevado mentor, o Cristo ou Arcanjo do orbe.

PERGUNTA: — Poderíeis apontar-nos alguma passagem bíblica cuja clareza nos dispense de interpretações dúbias, distinguindo o Cristo de Jesus?

RAMATÍS: — É muito significativo o diálogo que ocorre entre Jesus e Simão Pedro e os demais apóstolos, quando ele lhes indaga: "E vós que dizeis que eu sou?" E Pedro responde-lhe: "Tu és o Cristo, o Filho de Deus vivo." Finalmente, depois de certa reflexão, Jesus então mandou seus discípulos que a ninguém dissessem que ele era Jesus Cristo (Lucas, 9:20,21; Mateus, 16:15,16,20).

Nesse relato, Jesus admitiu representar outro ser, o Cristo, além de si, e que há muito tempo o inspirava e fora percebido intuitivamente por Simão Pedro. Falando mais tarde às turbas e aos apóstolos, o Mestre Jesus esclarece a sua condição excepcional de medianeiro do Cristo, não deixando qualquer dúvida ao se expressar do seguinte modo: "Mas vós não queirais ser chamados Mestre, porque um só é o vosso Mestre, e vós sois todos irmãos. Nem vos intituleis Mestres; porque um só é o vosso Mestre — o Cristo!" (Mateus, 23:8,10). É evidente que Jesus, falando na primeira pessoa e referindo-se ao Cristo na segunda pessoa, tinha o propósito de destacá-lo completamente de sua própria identidade, porque, em face de sua reconhecida humildade, jamais ele se intitularia um Mestre. Aliás, inúmeras passagens do "Novo Testamento" fazem referências a Jesus e o chamam o Cristo (Mateus 27:17,22), pressupondo-nos que mais tarde ele chegou a admitir-se como o Cristo, o "Ungido" ou "Enviado".

E se Jesus não esclareceu melhor o assunto, assim o fez em virtude dos apóstolos não poderem especular sobre a realidade de que ele pudesse ter uma entidade, e o Cristo outra; assim como a falta de cultura, própria da época, não lhes permitia raciocínios tão profundos como a ideia de arcanjo planetário.[3]

Ramatís
O Sublime Peregrino
Capítulo 5

---

[3] Nota do Revisor: - Recomendamos a leitura do cap. "Os Engenheiros Siderais e o Plano da Criação", da obra *Mensagens do Astral*, de Ramatís, que explica minuciosamente as particularidades dos Cristos Planetários e Constelares, e, em particular, a excelente obra "Assim dizia Jesus", de Huberto Rohden, quanto ao capítulo "Ninguém vai ao Pai a não ser por mim", em que o autor faz proficiente estudo sobre a diferença entre o Cristo e Jesus.

Os devas

Os devas são anjos pertencentes a um reino superior ao reino hominal, no esquema evolutivo, que atuam sob inspiração do Cristo Planetário. Eles se sintonizam com seres de luz encarnados, em variadas dimensões físicas, e também com seres humanos de menor evolução, e se transformam em verdadeiros médiuns dévicos no intuito de serem guardiões e conservadores da natureza, estando, portanto, em missão planetária voltada para o cuidado com o meio natural, biótico e abiótico.

Os devas cuidam dos elementais, que trabalham a serviço deles. Portanto, não confundais devas, anjos puros e conscientes, com elementais, habitantes do subplano etérico que, embora também sejam puros e ingênuos, possuem baixíssima consciência. Os elementais são seres intermediários entre o reino animal e o humano; seres que deixaram o reino animal e estão em fase preparatória para as primeiras encarnações no mundo físico, como seres humanos.

Muitos afirmam que o reino dévico é parte do reino angelical, e que ele integra o fluxo normal da evolução dos seres, após o nível humano; outros dizem que é um reino à parte. Na verdade, o reino dévico funciona como uma espécie de bifurcação de rota com retomada do caminho mais à frente, ou seja, quando o ser humano se liberta da roda das encarnações e chega ao plano nirvânico, ele pode seguir na linha evolutiva sequencial até a próxima etapa ou plano de evolução, que é o paranirvânico, ou pode optar por seguir uma rota alternativa, que é entrar no reino dévico. É como alguém que conclui a graduação e pode optar por assumir uma carreira profissional, e outro por fazer uma especialização, ou mesmo um curso diferente; ambos poderão continuar se qualificando depois, no mestrado, no doutorado, no pós-doutorado... Alguns anjos podem sair, a qualquer momento, de sua escalada evolutiva normal e estagiar como devas, como se fosse uma "especialização" da tarefa angélica, e depois retornar ao fluxo normal, que os conduzirá futuramente à condição de arcanjos (que também têm "especializações" de tarefas dentro do esquema cósmico). Contudo, o reino dévico proporcionará experiências únicas de doação plena. O ser que opta por trilhar esse caminho, vivenciará a expansão da consciência e o amor-doação de modo atípico, face à menor dinâmica de vida a que estará sujeito, se relativamente comparada com outros anjos. Imagine um deva cuidador de uma cadeia de montanhas, mergulhado no mundo subatômico local, o tamanho do desafio que é ficar "relativamente estático" (movimentando-se na nanodinâmica subatômica, atômica, molecular e celular de mundos minerais ou vegetais, ou na microdinâmica de pequenos animais rastejantes, ou na mesodinâmica da fauna aquática ou de movimentos vitais de cardumes, ou mesmo na dinâmica de pássaros, outros animais, ventos, rios e florestas em suas complexas interações sistêmicas, dentre outras), permeando com seu amor e consciência de vigilante e impulsionador da evolução, com sua energia plásmica, cada átomo daquele lugar. Imagine a capacidade de serviço que esse deva terá de vivenciar num determinado ambiente, relativamente fixo, ou cuidando de determinadas espécies de seres vivos, estando ele evolutivamente já num plano angelical em que o movimento e a dinâmica de vida universal são de tal forma intensas o ilimitadas na fluidez. O deva não pode tirar a consciência e o amor um décimo de segundo sequer daquele ambiente, daquelas estruturas minerais, ou da coletividade de seres vivos (vegetais ou animais) que lhe é parte intrínseca do ser. Os futuros biólogos e geólogos siderais, criadores de mundos, terão que ter tido experiência como devas para poder planejar e, principalmente, executar com segurança e eficácia a geração de mundos físicos, despejando suas "gotas" de amor consciente nos fluxos naturais da vida.

O ser que opta pelo caminho do reino dévico, ao concluir o estágio como deva, será reconectado à sua escalada evolutiva, porém religando-se às etapas finais do plano paranirvânico, ou seja, sua experiência de mergulhar no universo quase infinito atômico e subatômico o premiará com um grande avanço nos passos evolutivos, pronto para quase reintegrar-se com o Universo no plano mahaparanirvânico, adentrando, assim, no mundo arcangelical. A vida presa aos mundos mais densos lhe resultará numa leveza energética extraordinária e num magnetismo impressionante.

Quando um ser humano vê uma montanha, um rio, uma árvore, um boi, uma ave, um peixe, uma minhoca, um verme, ou quando usa um microscópico e visualiza um microorganismo, sabendo que na estrutura de cada um desses seres e coisas existem moléculas e átomos que os sustentam, pode ter certeza de que, em tudo isso, existe a consciência e o amor essencial do Cristo Planetário, do Cristo Solar, e plena conexão com Jesus e vários anjos que participam da vida no planeta.[1] E, se pensarmos na coletividade desses seres e coisas, como as cadeias de montanhas, as bacias hidrográficas, as florestas e demais coberturas vegetais, os rebanhos, os bando de aves, os cardumes de peixes, enfim, todos os sistemas que estão sob os cuidados de anjos abnegados que permeiam esses seres e coisas de consciência, penetrando até os níveis subatômicos, estamos nos referindo aos devas, de que falam os hindus.

Resumindo: os devas são entidades angelicais que se dedicam a servir, sem egoísmo e apego algum; são desprendidos e estão voltados a propósitos superiores, sem questionar, apenas servindo amoravelmente. São condutores de energia, de consciência atômica para os minerais e atômico-biológica para cada célula vivente nos reinos vegetal e animal. São os protetores da vida. Eles são os orientadores dos elementais, que habitam o mundo etérico, em preparação para um dia encarnar no reino humano, e estão em estreita

[1] Os sábios gregos intuíram essa verdade. Atribui-se a Tales de Mileto a famosa expressão "tudo está cheio de deuses", significando que tudo é vivo e tem alma ou espírito – a ideia de que a matéria universal é animada por energias superiores.

ligação com os reinos vegetal e animal. Os elementais, por estarem num plano quase físico e, portanto, mais próximos do mundo concreto da primeira dimensão física, desempenham o papel de médiuns dos devas com a finalidade de atuar mais efetivamente no mundo da matéria mais densa, ainda que a consciência venha dos devas e não dos puros e ingênuos elementais ("é como uma inteligência invisível"). Os devas estão em pleno exercício da angelitude superior, para um dia, então, alcançar a arcangelitude, com práticas de um amor sublime e quase inconcebível pelos seres humanos. A grande maioria deles vivencia a experiência da consciência coletiva, treinamento vivencial de expansão consciencial que os capacitará para, num dia cósmico, serem geólogos e biólogos siderais. São eles quem cuidam da natureza em geral; não entram ou não interferem no reino humano.

Desde o início da implantação do projeto Terra, milhares de devas estão presentes no orbe, sob a orientação do Cristo Planetário. Eles podem ser acessados por qualquer ser humano que, de coração aberto, sincero e desprendido de egoísmo, e com consciência sintonizada, possa buscar neles conhecimentos e compreensão sobre qualquer coisa mineral, ou de origem mineral, ou de vida vegetal e animal existente no planeta. Em qualquer utensílio construído a partir de um mineral, qualquer coisa que naturalmente tenha sua estrutura atômica, mesmo um simples objeto, como uma cadeira, por exemplo, ali existe uma ligação com algum deva. Em uma muda de árvore, numa lesma, ali existe uma consciência dévica cuidando da vida atômica e biológica. Nos fluxos energéticos subatômicos e nos fluxos energéticos celulares de plantas e seres do reino animal, existe alguma consciência e sensibilidade dévica. Isso nos traz a compreensão de que todas as coisas e seres são partes conscientes e sentidas por Deus, diretamente ou por meio de seus auxiliares ou médiuns divinos, acompanhando, supervisionando e sempre que necessário intervindo (como inteligência maior) na inteligente dinâmica que mobiliza coisas e seres, do nível macro ao microscópico.

Imagine que cada célula do seu corpo tenha uma microconsciência ou inteligência que a faz movimentar-se em determinada direção para cumprir seu dever. Imagine agora essa célula sendo parte de um tecido, e este, por sua vez, parte de um sistema orgânico, como o sistema nervoso, por exemplo; este tendo o comando no cérebro, nas glândulas pineal e pituitária, que respondem aos impulsos do espírito que, por sua vez, se sintoniza com entidades diversas em graus diversos de evolução. Toda essa interação sistêmica existente no mundo hominal ocorre nos outros reinos da vida planetária, ainda que algumas criaturas pensem que o ser humano, por estar no final da cadeia alimentar, seja o mais importante. Na verdade, todos são importantes na engrenagem cósmica, já que dependem de uma consciência maior que os proteja, os comande e cuide deles, como o reino dévico. Exatamente por isso exigem nosso respeito e sentimento fraterno. Portanto, não há sentido naquele que já dispõe de consciência individual alimentar-se do irmão menor, que se apoia em consciências dévicas para existir. Ao fazer isso, o terráqueo precisará pensar que estará interrompendo a evolução de um irmão e desmerecendo todo o esforço e amor derramados por uma rede de anjos dévicos abnegados.

No passado, até era compreensível que o ser humano se alimentasse de animais, dado o seu primarismo. Hoje chegou-se ao limite do carma planetário e humano. Agora é compreensível que se alimente de vegetais, e é aceitável que consuma derivados de animais, como leite e ovos. Um dia, quando mais evoluído, se alimentará de frutas, extratos e sucos vegetais apenas. Quando mais evoluído estiver, se alimentará de água e do prana ou energia vital (substância etérica) que permeia a tudo e a todos. Já é tempo de o humano da primeira dimensão física ir se adaptando a uma alimentação vegetariana, para que não sofra demais na vida astral, nem nos processos tumultuados que o planeta viverá em breve, como crises de alimentos e aumento de doenças cada vez mais complexas em animais, como gado, frangos e porcos.

Quanto mais evoluído o ser, mais eficiente fisiologicamente será, e maior capacidade terá de absorver substâncias necessárias para sua sobrevivência e sustentabilidade corpórea, extraídas da natureza vegetal e do ar. Contudo, nada na evolução ocorre sem esforço e, por isso, o próprio ser humano terá de educar-se no quisito alimentação. Hoje, são perceptíveis os avanços na oferta de alguns alimentos, graças a irmãos mais responsáveis que têm encarnado na Terra e trabalhado com os alimentos orgânicos e nutracêutica.[2] Aos mais apegados ao passado animalesco, que se deem a chance de migrar para novos padrões de consumo, mais sadios. É evidente que o terráqueo, por ainda possuir corpo mais denso, deverá estar atento ao consumo de proteínas, como as oriundas das castanhas, nozes, amêndoas e leguminosas, e assim evitar danos ao funcionamento do organismo e à boa saúde.

O reino dévico tem plena consciência de que protege e cuida do reino vegetal para atender às necessidades humanas, e enche-se de compaixão ao ver muitos humanos no ciclo de matanças sanguinárias e impiedosas para o consumo de irmãos do reino animal. Os que não matam animais, apenas os consomem, estimulam a continuidade das matanças porque fazem parte dos primeiros elementos na cadeia produtiva-comercial que estimula o consumo. Enquanto houver mercado, haverá produção, e enquanto houver consumo, haverá expansão do carma planetário, aumentando-se o peso e o lixo do corpo astral de quem consome e, por conseguinte, desequilibrando a aura planetária. Imaginai os esforços do Cristo Planetário para conviver com a geração de egrégoras sofredoras procedentes dos irmãos menores que desencarnaram por atos de violência fria e planejada dos humanos!

Akhenaton
Missão Planetária
Capítulo 2
Sávio Mendonça

---

[2] Nova disciplina científica que resulta da combinação dos termos *nutrição* e *farmacêutica*, e estuda os componentes fitoquímicos nas frutas, legumes, vegetais e cereais, dispondo-se a investigar as ervas, folhas, e raízes (plantas medicinais) e cascas de árvores para descobrir seus benefícios à saúde e possíveis curas de doenças.

Os mestres e o Mestre

PERGUNTA – *O espiritismo – nesse ponto reproduzindo a teologia católica e protestante – reconhece apenas, sob o título de Mestre, ao Sublime Nazareno. Entretanto, as correntes reencarnacionistas, notadamente o hinduísmo, a teosofia, a yoga etc., falam nos Mestres. Como entender a discrepância?*

RAMATÍS – O mestre, ou guru, é uma figura tipicamente oriental, decorrente de uma visão que contempla a totalidade do panorama evolutivo, com seus múltiplos estágios.

Quem se habituou milenarmente a entender a existência como um processo infinito, em que as encarnações significam estágios de aperfeiçoamento no rumo da Realização final – o encontro com o divino em nós – tem que admitir por consequência lógica uma sucessão de graus evolutivos, de níveis de consciência crescentes no rumo dessa autorrealização.

Os orientais, em particular os hindus, dos quais derivam muitas das correntes atuais chamadas espiritualistas, sempre souberam que a divindade mora no ser humano. E que os objetivos da vida, das muitas vidas, é despertar a consciência dessa divindade interna. A própria saudação "Namastê", hoje tão difundida, e que sempre foi natural na Índia, aponta para a naturalidade com que essa noção sempre fez parte da vivência dos hinduístas: "Deus em mim saúda Deus em ti".

Portanto, se todos são potencialmente divinos e se acham em processo de despertamento dessa divindade interior, nada mais coerente que reconhecer que alguns já tenham chegado mais adiante na caminhada. Esses, que já despertaram em si a consciência do Eu Superior, são chamados de mestres ou gurus e estão aptos a auxiliar seus irmãos que vêm atrás a escalar também a montanha do Conhecimento. Eis porque no hinduísmo e outras doutrinas orientais é natural a noção da existência dos mestres. Só quem sabe que existe o caminho pode concluir que há caminhantes que atingiram o fim dele. Um fim relativo, um patamar evolutivo apenas, porquanto além desse ponto a estrada continua para o infinito.

PERGUNTA – Mas o cristianismo, ou antes, o catolicismo e o protestantismo, não entendem dessa forma o "vós sois deuses" enunciado por Jesus. Por quê?

RAMATÍS – Se fosse centralizada nessas doutrinas, como o é nas do Oriente, a clara concepção de que o ser humano é um "deusinho em miniatura", em processo de e com o destino indesviável de realizar plenamente essa divindade, como ficaria o conceito do "pecado original", que precisa ser neutralizado pelas práticas teológicas da Igreja, ou lavado na água do batismo protestante, com o aval do sangue de Jesus?

Se a criatura for reconhecida como natural e essencialmente divina, como um diamante que apenas necessita ser lapidado para revelar seu brilho interior, ela será candidata lógica, no futuro, à perfeição *intrínseca* que já traz consigo. Não necessita de barganhas com a divindade, nem de "banhar-se no sangue de Jesus" que garantiria a "salvação" do indivíduo, o seu passaporte para o céu – não necessariamente para a perfeição, já que não se tem notícia de cidadãos desencarnados nessa condição, após uma única existência, como admitido pelos cristãos tradicionais.

Em consequência, a ênfase na condição de "pecador" do ser humano é tão conveniente para a existência e a prosperidade dos cleros cristãos quanto a das doenças para os laboratórios farmacêuticos e a prosperidade destes. A intervenção providencial das igrejas é a garantia do "resgate" das criaturas das garras do pecado original, esse *defeito de fábrica* que estigmatiza toda a humanidade.

Portanto, que perspectiva de chegar a iluminação, que é a aproximação maior da Consciência Cósmica, resta para as criaturas submetidas a essas crenças tradicionais que engessaram o ensinamento sublime do Mestre Nazareno? Este subsistiu em poucas frestas como o "vós sois deuses", que deixaram passar desavisadamente nas deturpações do texto evangélico.

PERGUNTA – Mas a concepção de Jesus como o único ser perfeito – aliás, o próprio Deus encarnado, para católicos e protestantes – não significa o reconhecimento da hierarquia superior desse Espírito, que os espíritas reconhecem como o Governador Espiritual do planeta?

RAMATÍS – Jesus nunca se declarou "perfeito", e muito menos se arrogou a condição de espírito único, privilegiado e inimitável dentro do Cosmo.

Ao contrário, a sua missão salvadora visava a libertar o homem de sua própria cegueira, para fazê-lo ascender mais rapidamente à condição de ser consciente da própria perfeição. Eis porque o Divino Rabi preconizou claramente: "Sêde perfeitos, como perfeito é vosso Pai que está nos Céus".

Essa diretriz implica o reconhecimento da perfeição potencial do ser humano, da divindade que o habita. Caso contrário, Jesus teria dito: "Melhorai-vos", e não "sede perfeitos".

Mas a ênfase das religiões cristãs nunca foi a *perfeição*, o atingimento dessa perfeição, porque seres potencialmente perfeitos e perfectíveis por esforço próprio não necessitam de práticas, rituais, sacramentos, purificações e prescrições religiosas de qualquer tipo. Ao contrário, são os responsáveis exclusivos pelo desabrochar gradativo de sua divindade, por esforço próprio e aproveitando como balizas as orientações daqueles que se encontram nos degraus imediatos.

Daí o fato de conservarem a figura de Jesus numa categoria de "divindade única", totalmente aparte dos homens imperfeitos e pecadores, que jamais atingirão o seu status cósmico. Ele não constitui um ideal a ser atingido, mas tão somente uma divindade a ser adorada.

O espiritismo quebrou esse conceito milenar do "homem pecador em essência" e instaurou para as grandes massas a concepção arejada da evolução, infelizmente ainda não assimilada plenamente, em todas as suas implicações, pelo grande contingente dos seguidores de Kardec. Haja vista, por exemplo, o solene desconhecimento das espécies animais como irmãos menores e precursores do homem – que é a consequência lógica do ensinamento dos espíritos sobre a cadeia evolutiva.

PERGUNTA – *Mas como ficaria a figura de Jesus no contexto evolutivo e dentro da hierarquia planetária, em face da existência dos mestres do orientalismo? Há uma contradição ou lacuna dentro da Doutrina Espírita no tocante a isso?*

RAMATÍS – Mera questão de palavras e de conceitos pouco desenvolvidos pelos adeptos do espiritismo. Basta raciocinardes: os espíritos, ao enunciar a Kardec claramente a lei evolutiva e descortinar para o ser humano o destino indesviável de atingir essa perfeição que lhe reside no íntimo, denominaram os seres libertos em definitivo do ciclo das reencarnações de "espíritos puros". É óbvio que se trata daqueles que já adquiriram um estado de consciência muito amplo, muito mais próximo da Consciência Cósmica. E que aí chegaram por esforço e iniciativa próprios – alunos pós-graduados da escola da Vida. Como preferis chamá-los: espíritos puros ou mestres? Podeis escolher.

Os orientais têm preferido o termo mestres – por coincidência, um termo que se emprega no Ocidente para um grau acadêmico superior, de pós-graduação.

PERGUNTA – *Mas Jesus é um mestre como qualquer outro ou o seu grau evolutivo é diverso?*

RAMATÍS – Os espíritos que atingem o grau de mestre, em vosso planeta, passam a compor a elevada hierarquia conhecida no Oriente como a Fraternidade Branca. Podeis dar-lhes a denominação que preferirdes: trata-se do conjunto de almas libertas do ciclo reencarnatório, que passam a colaborar na evolução planetária como o "corpo docente" do planeta, nos planos internos.

É evidente que toda organização, seja uma escola, uma universidade, um planeta ou um sistema solar, necessita de uma direção, um responsável maior que a coordene, como o cérebro à organização celular do corpo.

O Ser que conheceis sob a denominação de Jesus de Nazaré exerce, no planeta Terra, essa função diretiva, e é o responsável maior por esta humanidade, a quem representa dentro do Sistema Solar e do Conselho Galático. É, como costuma ser dito pelos espíritos, o Governador Planetário. Ele é oriundo de outro sistema solar, e assumiu o projeto planetário da Terra desde o início de sua formação. Seu grau evolutivo sideral é maior que o de mestre. Ele é um anjo – só um deles pode ser responsável por uma humanidade. Não existem mistérios indecifráveis nem incongruências no Cosmo. Os graus evolutivos dos seres criados se distribuem em degraus sucessivos – a famosa Escada de Jacó do simbolismo bíblico. A sucessão infinita desses níveis compõe a hierarquia da Criação. Do átomo ao arcanjo – que começou sendo átomo – tudo se encadeia e progride rumo a um patamar maior.

Portanto Jesus, um anjo que comanda uma humanidade planetária, também evolui; e num futuro estágio, no próximo Grande Plano ou Manvantara, certamente virá a ser um arcanjo ou logos, isto é, a consciência diretora que materializa um planeta inteiro e o sustenta na Sua aura, como sublime condensador da Luz Divina.

O anjo, como já vos temos dito, ainda é passível de materializar-se, reencarnando em um corpo físico, embora com imenso e inimaginável sacrifício, como fez o Sublime Peregrino na Galiléia.

Já o arcanjo ultrapassa qualquer possibilidade de revestir-e de um corpo físico humano. Seria como pretender colocar o oceano dentro de um copo d'água.

PERGUNTA – Qual é a relação entre o grau evolutivo de mestre e o de anjo? O que é um anjo, afinal?

RAMATÍS – O mestre é aquele que atingiu o nível mais elevado da evolução humana.

É necessário ter em mente que a condição humana não constitui o ápice da escalada evolutiva nem é o suprassumo dentro do Cosmo! É apenas uma faixa evolutiva em continuação à dos estágios mineral, vegetal e animal. Uma faixa marcante, pois é onde a centelha divina adquire a noção do eu, e ainda passa a ter livre-arbítrio e a entender a própria existência da evolução e de sua caminhada voluntária no rumo da

Consciência Cósmica.
O orgulho humano, que tudo dimensiona em seu favor e até pouco tempo ainda reduzia o Universo ao tamanho do seu planeta, costuma entronizar o ser humano como rei da criação, tendo por consequência o seu descaso e crueldade para com as espécies anteriores, e o desrespeito ao resto da criação que o está levando a depredar o planeta. Uma visão estrita, antropocêntrica e limitadora, pois, assim como o Universo se estende bem mais além de vosso quintal planetário, também a esplendorosa cadeia hierárquica do Cosmo se desdobra em faixas infinitas que vão do anjo ao arcanjo ou logos planetário, e dele ao logos solar, dali ao logos galáctico, e se perde no infinito.

Portanto, o que se costuma denominar de "anjo" é a consciência que atingiu uma outra faixa evolutiva, subsequente à da evolução humana. Chamai-a como quiserdes. O que importa é o conceito claro de que se trata de um degrau de consciência, um nível de evolução *acima* do que se convencionou chamar de humano, do qual é a continuidade.

A progressão acadêmica de vossas universidades comporta os níveis de graduação, especialização, mestrado, doutorado e até pós-doutorado, em sucessão natural, e cada faixa possui características e prerrogativas próprias; assim, no Cosmo se desdobram faixas de evolução bem marcadas ,que recém estais começando a entrever.

As denominações de anjo e arcanjo são tradicionais desde os tempos bíblicos para significar entidades muito acima da condição humana, emissários do Altíssimo que ocasionalmente intervêm na esfera humana. Muitos espíritos desencarnados de elevada e até de média evolução têm sido confundidos com anjos ou assim denominados, quando em missão de auxílio ou esclarecimento junto à humanidade.

Mas o anjo, verdadeiramente, ocupa uma faixa evolutiva mais acima da humana e, portanto, do mestre.

PERGUNTA – Consequentemente, o arcanjo também configura uma outra faixa evolutiva, distinta daquela do anjo?

RAMATÍS – Sim, exatamente.
Um anjo, como Jesus, pode, entre outros, assumir o en-

cargo de condutor de uma humanidade planetária. Sua consciência expandida, plena de amor e sabedoria, é sensível às necessidades e anseios de todo um conjunto humano que se propôs amparar, dinamizando seu impulso de crescimento no rumo da Casa do Pai. É verdadeiramente o Instrutor do Mundo, da nomenclatura teosófica.

O arcanjo, porém, é a consciência situada em largo salto evolutivo à frente. É produto de um Manvantara anterior. A sua dimensão consciencial é difícil de ser configurada por vós. Uma distância abissal o separa das faixas angélicas de consciência. A sua condição sideral é a de sustentáculo de um mundo planetário. Vosso planeta e todos os demais foram materializados e são mantidos energeticamente por esses poderosos condensadores da energia cósmica que se denominam logos planetários. Vosso planeta Terra trafega dentro do Cosmo envolto na aura refulgente de seu logos, que alimenta e mantém a coesão molecular de todas as consciências abrigadas no Seu manto, do humilde verme que areja o solo até os grandes mestres da Fraternidade Branca.

A Ele é que Jesus se referia ao enunciar: "Eu e o Pai somos um", e "Minha missão é fazer a vontade de Meu Pai que está nos céus". O Divino Nazareno foi o canal mais perfeito, o mensageiro mais límpido do Logos descido a este mundo. Foi também o condutor vivo da Luz Crística do Logos Terrestre. Quando de sua partida no Calvário, transcendental operação oculta de energia se processou no orbe terrestre. A luz interna do Logos se expandiu, conduzida pelo fio-terra sublime da figura do Mestre, e impregnou-se substancialmente na aura da humanidade. Desde então, dinamizada pelos valores de Seu evangelho, e pelo Seu exemplo de teor angelical, a humanidade deste planeta, mau grado seu, evoluiu mais em consciência coletiva, em dois mil anos, que em todos os milênios anteriores.

PERGUNTA – O nosso sol também representa uma consciência de arcanjo?

RAMATÍS – As consciências diretoras de estrelas, ou sois, representam novo salto evolutivo em relação aos logos planetários. A distância que separa um logos planetário de um logos solar é imensa. Trata-se de uma outra faixa hierárquica dentro do Cosmo, uma gradação de consciência superior, como é facilmente compreendido quando se vê que os sois ou estrelas emitem luz própria, e os planetas apenas a absorvem.

Os logos solares são poderosos condutores da Luz Cósmica do Criador, que lhe é transmitida, por sua vez, pelos logos galácticos. Essa Luz Criadora é responsável pela criação dos núcleos de consciência que irão animar átomos, e depois minerais, vegetais, animais, humanos e anjos.

A aura refulgente do Logos Solar abarca o sistema, e de Sua energia vivem todos os veículos dos entes que existem no Seu regaço.

Assim como existe a expressão física do Sol – o Sol físico – existe um Sol astral para o plano astral, um Sol mental para o plano mental, e assim por diante.

Na verdade, podeis figurar o plano astral do Sistema Solar como o correspondente do vosso corpo astral. Nele vivem imersas todas as consciências focada ao nível astral, e assim sucessivamente, em todos os planos.

Ramatís
Mariléa de Castro

Os elementais ou espíritos da natureza

Já não dissemos que tudo na natureza se encadeia e tende para a unidade? Nesses seres, cuja totalidade estais longe de conhecer, é que o princípio inteligente se elabora, se individualiza pouco a pouco e se ensaia para a vida.
O Livro dos Espíritos

Pergunta: — *Como devemos considerar a existência de seres que, segundo afirmam alguns espiritualistas, formam uma espécie criada com o fim exclusivo de cuidar dos elementos da Natureza?*

Ramatís: — A lei de toda a Criação é — evolução. Deus é o princípio e o fim de tudo. Por que, então, alguns dos seres criados por Ele, estariam condenados a não participar da marcha evolutiva que possibilita a Seus filhos alcançarem os esplendores da angelitude? Como poderia a Lei, que estabelece ascensão mediante o desenvolvimento gradativo, confinar determinados seres em inconsciência estacionária, impedindo sua evolução para uma forma de vida mais aprimorada? O conjunto de leis que rege a vida estabelece que ela se inicie nas formações primárias de condensação da energia e siga uma sequência de ordem absoluta, nos encadeamentos dos processos a que a matéria é submetida para formar os organismos vivos. A lei que regula a evolução da Centelha de Vida é uma só. Essa uniformidade no desdobramento do processo evolutivo que preside toda a Criação demonstra a grandeza do Amor Divino. Esse amor é uma irradiação superior que atrai a si, irresistivelmente, tanto a molécula em formação como o espírito do arcanjo celestial. A Luz é uma só e produz efeitos semelhantes em todos os aspectos da vida na Criação.[1]

Pergunta: — Qual a causa que levou certos investigadores da intimidade dos fenômenos da Natureza a admitir semelhante anomalia?

Ramatís: — Os homens clarividentes que investigaram o plano astral identificaram um trabalho *sui generis* organizado em torno da Natureza e que estava a cargo de seres desprovidos do senso intelectual humano. Eram entidades que agiam sob a ação da sintonia com os elementos da Natureza. Identificando essa característica fundamental, que ressaltava de maneira evidente a quem os observasse, concluíram que tais seres formariam uma espécie aparte na tendência que têm os homens para tomar o temporário por definitivo sem maiores investigações. Contribuiu para consolidar essa convicção o fato de os elementais sentirem-se assustados diante da presença humana, como elemento estranho que não vibra em sintonia com eles. Na realidade formam uma espécie entre os homens e os animais. Mesmo quando tenham a forma humana o intelecto permanece em situação rudimentar de inteligência.

Pergunta: — Poderíamos receber maiores esclarecimentos sobre a situação desses seres? Devemos classificá-los como espíritos?

Ramatís: — São embriões de mentes humanas. Encarnarão primeiro entre os selvagens. Apresentam já esse condicionamento na sua união com os elementos da Natureza e no fato de se esquivarem ao contato do homem preferindo a solidão dos ambientes silvestres. Como estacionam em nível elementar de evolução mental, recuam diante do desconhecido até que lhes capte a confiança e então tornam-se totalmente submissos, sem capacidade de discernir numa orientação própria. Não conseguem sobrepor-se à mente mais poderosa que os comanda. Por isso há homens conhecedo-

---
[1] Ver Libertação, de André Luiz (obra psicografada por Francisco Cândido Xavier), pg. 60.

res dos mistérios do pensamento e da vontade que influem e dirigem os elementais para alcançar propósitos pessoais.

Desejamos alertá-los para o fato de que estes seres possuem a capacidade de formar hábitos e não se conformarão facilmente em modificá-los se seus irmãos mais desenvolvidos habituarem-nos a determinadas práticas. A responsabilidade de quem dirige seus poderes mentais é enorme e carregará consigo o séquito de seus colaboradores, suportando-lhes as tendências, que ele próprio se incumbiu de alimentar. Assim, aqueles que com objetivos pessoais dominam mentes embrionárias, certos ou errados em suas atividades, terão que suportar a companhia e os riscos a que se ligam neste consórcio.

Os elementais não existem para servir de companheiros serviçais do homem. A este, que está mais acima na escala da evolução, é que cabe dar e, quanto aos detalhes da orientação a que devem obedecer aquelas mentes embrionárias, cumpre à direção mais alta da vida fornecê-la. É justo que ao nos imantarmos à vida superior, dela absorvendo os benefícios, desejemos que todos os seres o façam também. Não nos cabe porém usufruir de uma imantação perigosa de nossas mentes com as que são menos desenvolvidas, se o objetivo é a obtenção de vantagens imediatas. Se vos entregardes a essas práticas nocivas e com o correr da evolução conseguirdes libertar-vos do amor às coisas temporárias, ainda assim tereis que arcar com o ônus de orientar um ser menos evoluído, responsabilidade que vos pesará, pois para ele será muito difícil a libertação de hábitos cultivados, em virtude de seu baixo teor vibratório.

A situação dos elementais é a de quem abre os olhos para a vida a fim de ser enriquecido pela experiência que lhe surgir. São alegres, joviais e desconhecem os problemas morais que enredaram o homem em sucessivas peregrinações pela Terra. São almas "em branco" quando surgem encarnados após o estágio no plano astral. Não sofreram experiências; são crianças espirituais e isto pode ser sentido ainda na vibração de simplicidade que caracteriza os selvagens.

Os elementais, pois, são Centelhas de Vida individualizadas, com uma etapa primária de evolução cumprida e outra maior e mais rica a ser vivida. São, portanto, espíritos em escala subumana de evolução.

Pergunta: — Como poderemos entender a razão de estarem ligados especificamente a determinados elementos da Natureza? Em que se baseia essa sintonia vibratória a que vos referis?

Ramatís: — Esta sintonia diz respeito ao grau de evolução vibratória da matéria. A matéria em seus diferentes graus de condensação apresenta três características, que são chamadas "as três gunas": *o ritmo, o movimento e a inércia.*[2] São propriedades que surgem à proporção que a energia se condensa em matéria. Os espiritualistas do Oriente explicam o "ritmo" como um movimento de forças produzido no átomo primordial. De acordo com as influências recíprocas do próton, do elétron e do nêutron, surgem sete formas de vibrações ou sete "ritmos" diferentes na constituição íntima dos átomos iniciais diferenciados entre si. A "força da vida" ou "prana" atuando sobre eles, imprime-lhes movimentos ou ondulações conjuntas de sete tipos diferentes. O ritmo dos átomos é chamado por eles "Tam-Mattra", e ao conjunto de átomos da mesma vibração dão o nome de Tattwas. A terceira característica que a matéria adquire é a inércia e então apresenta o aspecto de densidade com que a identificamos no plano físico.

Fizemos este ligeiro apanhado da teoria da condensação da energia em matéria a fim de definir a situação dos elementais na Criação. Esses sete tipos de vibração da matéria têm densidades diferentes e constituem as moléculas formadoras dos elementos líquido, sólido, gasoso, da luz e outros que escapam à percepção humana comum.

Os elementais são seres que, saídos da irracionalidade total, ajustam-se à necessidade de evolução, atraindo à sua constituição perispirítica os átomos movidos de um determinado tipo preponderante de vibração ondulatória. O tipo de átomos que predomina em sua constituição determina o elemento com o qual se sentem afinados. Assim como procurais o ambiente espiritual que melhor se ajusta às vossas vibrações

---

[2] Para uma visão mais completa dessa teoria ver *Libertação pelo Yoga*, de Caio Miranda, mantendo, porém, sérias restrições quanto ao desconhecimento da Doutrina Espírita demonstrado em alguns capítulos dessa obra.

mentais, a constituição molecular que lhes é própria leva-os a sintonizar com um dos elementos da Natureza. Estabelecem então trocas energéticas, tal como sucede convosco quando vos ligais às correntes de vibrações que vos são simpáticas. As moléculas formadoras dos organismos dos elementais ainda estão em atividade de densificação progressiva.

A formação de um perispírito humano obedece a processos de trabalho em que as moléculas se vão utilizando da força prânica, a fim de adquirir aos poucos a consistência de uma organização mais completa. O perispírito em processo de evolução torna-se capaz de absorver as energias mais condensadas, numa gradação que vai da luz ao éter, à água e à matéria sólida. Essa capacidade de sintonia e absorção é que faculta o desenvolvimento completo do perispírito humano. Em sua formação definitiva terá todos os órgãos em estado de preparação aprimorada e fortalecida. O registro espiritual dessas reações gravadas na "Centelha de Vida" que governa o conjunto permitirá sejam comandadas as células físicas para exercerem suas funções específicas, quando se der o fenômeno da encarnação. Então, as células perispirituais ativadas em seus processos de absorção de energias trabalharão automaticamente imprimindo às suas correspondentes físicas o impulso conveniente.

O perispírito dos seres elementais adensa-se e completa-se nessa existência pré-encarnatória no exercício de um "aprendizado celular". É um período de ajustamento às futuras atividades que exercerão no seio de uma espécie mais evoluída e complexa. Exercitam-se na absorção prânica através dos diversos elementos para adquirir uma organização perispiritual completa e aperfeiçoada, obedecendo assim à evolução subordinada à dinâmica geral da Criação.

Os gnomos são elementais mais próximos do ser humano em sua constituição perispirítica. Conquistaram já a capacidade de aproveitar as vibrações da matéria em um estado de maior condensação e encontram-se prestes a iniciar suas encarnações.

A integração no corpo físico fornece à "Centelha de Vida" que vibra em cada ser, uma oportunidade de dominar experiências nos diversos planos em que a espiritualidade se abre ao homem. Por isso a adaptação das células perispirituais dos elementais às funções orgânicas mais complexas pode ser comparada à situação em que o discípulo estivesse fabricando seu próprio material escolar, recebendo para isso das mãos do mestre a matéria-prima e as instruções indispensáveis. De posse de um corpo fluídico bem aparelhado, encarna alcançando o primeiro plano de evolução humana que é o físico, onde poderá sorver a essência de ensinamentos cada vez mais nobres através das diversas encarnações. Torna-se assim habilitado a receber as lições que a escola da vida proporciona; mas, para tanto, a "Centelha de Vida" precisou cercar-se dos instrumentos que lhe facultariam alcançar seu objetivo, em obediência ao grandioso plano de evolução geral!

Pergunta: — Como compreender a necessidade dessa adaptação gradativa com o objetivo do treinamento celular, se a Centelha de Vida na escala animal já se uniu a um corpo denso, executando portanto funções de absorção de energias? Não seria suficiente um simples reajuste das formas de trabalho anteriores?

Ramatís: — O trabalho de treinamento celular torna-se necessário em virtude de surgir um fator novo de importância primordial — a condição humana. Como um passo além na escala da evolução, exigirá uma forma mais sutil de sensibilidade. Novos padrões de dispêndio de energias serão exigidos do ser, pois uma consciência mais ampla receberá impulso. Para melhor compreendermos este fato, podemos lançar mão de uma comparação: o órgão da visão que possuís é feito de forma a dominar somente até um certo ponto o fenômeno a que se destina. Se desejardes obter um panorama mais perfeito recorrereis às lentes de alcance que, por sua vez, receberão tratamento apropriado para atingir respectivamente o infinitamente grande e o infinitamente pequeno: o telescópio e o microscópio. Essas três formas de satisfazer a vossa necessidade orgânica de identificação visual têm algo em comum: a utilização do mecanismo ocular, porém sob condições que variam muito em extensão e profundidade. Assim também, a capacidade que tem a Centelha de Vida para absorver a energia prânica dos elementos da Natureza varia com o grau evolutivo em que labora. Surgem as necessidades e a lei de evolução permite que elas sejam satisfeitas.

O perispírito humano forma-se à base de uma possibilidade maior na captação das energias da Natureza. Podereis compreender melhor essa realidade se vos lembrardes de que a capacidade de assimilação de energia varia entre os indivíduos e observando um organismo humano tomado de profunda desvitalização, sentireis a veracidade do que afirmamos. Há uma baixa geral de rendimento nas manifestações do ser tomado por essa desvitalização, aproximando-se sua expressão total de vida da condição animalesca. O que sucede então é que os elementos da Natureza com que entra em contato não são aproveitados como seria necessário. A Centelha de Vida perde temporariamente a capacidade de aprofundar-se no aproveitamento mais completo da energia.

No homem existe uma necessidade de aplicação profunda da energia nervosa, que é dispensada pelo animal. A atitude de colocar-se "de pé" diante da Criação, na plena consciência de um "eu" aperfeiçoado com capacidade infinita de evolução se assemelha à experiência de quem vivesse no fundo do mar protegido por uma vestimenta de borracha impermeável; vindo à tona passará a usar roupas constituídas de células menos compactas, mais leves e arejadas.

Pergunta: — Como entender esse aproveitamento mais ou menos profundo da energia por parte da Centelha de Vida?

Ramatís: — A evolução é um abrir constante de novas portas ao espírito. A lei do aperfeiçoamento, como bem o sentis, transforma em uma necessidade premente, procurada com avidez pela criatura, uma virtude ou situação que pouco antes para ela não existia. Chama-se a isso "o grau de maturação necessário a uma conquista imediatamente superior". Essa palavra mágica: *evolução*, impulsiona os átomos que se agregam em torno da Centelha de Vida, pois encontra-se gravada, de forma indelével, naquela partícula de luz que comanda o processo grandioso a que obedece a matéria organizada em sua esfera de ação. Assim como as células inúteis de um organismo físico são eliminadas e substituídas por outras, no momento adequado a Centelha de Vida liberta-se de uma constituição mais grosseira substituindo-a gradativamente.

Pergunta: — Como se processa essa transição em que a Centelha de Vida passa a vibrar sintonicamente de maneira mais apurada?

Ramatís: — Atingindo o maior aperfeiçoamento na escala animal, entra a Centelha de Vida em uma fase que se assemelha ao estado do homem que, após entregar-se às fadigas do trabalho rude em que as vestes e o corpo encontram-se contaminados pelas impurezas de toda sorte, despe-se, mergulhando em um banho purificador, após o qual envergará trajes que obedecem a melhores condições de higiene. Ela permanece então no estado de consciência pura, iniciando uma formação perispiritual aprimorada em que condensa em torno de si moléculas portadoras dos átomos primordiais relativos aos elementos, numa escala gradativa de densificação.

Pergunta: — Como compreender a necessidade de um aproveitamento mais profundo da energia irradiada pelos elementos da Natureza, tendo em vista um dispêndio maior da energia nervosa?

Ramatís: — A Centelha de Vida sofre uma constante atração para a sua Origem e à proporção que o progresso se realiza ela vai construindo as bases de uma ascensão. Nessa nova fase em que penetra o campo de desenvolvimento das energias na escala do progresso humano, ela passa por um processo de purificação ou reavivamento de possibilidades que lhe alargará os horizontes. Inicia a construção de uma série de novos veículos que lhe permitirão projetar-se em manifestações individuais cada vez mais próximas de sua Origem. Tendo por base o corpo físico, construirá sobre ele a possibilidade de lançar-se em expressões superiores da própria individualidade nos planos que vibram acima do âmbito limitado a que até então se ligava. Penetrará em dimensões mais profundas do campo energético que a circunda, atraindo a si a força oculta das partes imponderáveis da energia que o homem ainda não classificou, mas que existem em seu próprio ser. Movida pelo dinamismo divino que a impulsiona executará automaticamente a tarefa de prover-se das energias sutis que permitirão uma condição aperfeiçoada de consciência individual.

Pergunta: — Que relação existe entre o dispêndio maior de energia nervosa e essa aquisição de novos veículos?

Ramatís: — O perispírito ou corpo astral capaz de suportar a carga mais intensa de uma vida espiritual aprimorada tem que possuir uma consistência apropriada ao tipo de energias sutis que o atingirão, para que as registre dando-lhes a orientação devida. É preciso que se abra campo permeável à libertação das novas expansões aperfeiçoadas do ser e uma rede mais sensível de reflexos terá que ser estendida. As solicitações do meio terão que ser apreendidas em maior extensão e profundidade, atendendo ao objetivo do alargamento do campo da consciência. Haverá necessidade de uma canalização aprimorada das excitações produzidas pelos agentes externos através dos nervos, numa intercomunicação físico-astral, e atingir em seguida as vibrações mais sutis do campo mental, por onde mais tarde se lançará aos planos superiores; por sua vez, o comando da consciência terá que contar com os elementos necessários para expandir-se através dos veículos mental, astral, etérico e físico. No funcionamento de todo esse mecanismo a "energia nervosa", como a chamamos, terá que ser absorvida com muito maior intensidade dos elementos da Natureza onde existem em depósito.

Ramatís
Mensagens do Grande Coração
Segunda parte – capítulo 6
América Paoliello Marques
Wanda Perez de Jimenez

A Lei da Evolução

> Embora isto fira o teu orgulho, o homem deve resignar-se a ver em seu corpo material o último elo da animalidade sobre a terra. O inexorável argumento dos fatos aí está, e será em vão levantar protestos contra tal situação. Nessa origem coisa alguma há de humilhante para o homem. Reconhecei a grandeza de Deus nessa admirável harmonia, mediante a qual tudo é solidário na natureza. Acreditar que Deus haja criado seres inteligentes sem futuro, seria blasfemar de Sua bondade.
>
> *O Livro dos Espíritos* – Allan Kardec

A Lei da Evolução descortina aos que a compreendem o sublime encadeamento de todas as espécies de vida do orbe.

"Do átomo até o arcanjo, que começou sendo átomo", tudo vos deve ser sagrado, porque a mesma centelha da Vida Universal que dormita no mineral, bruxuleia no vegetal e entreabre os olhos no animal é aquela que vos incendeia a mente e conduz, em consciência maior, pelos caminhos infinitos do progresso.

Como então poderíeis supor que o Deus de infinita misericórdia sancionasse a crueldade e a destruição injustificada de seus filhos menores, enclausurados temporariamente em estojos físicos de principiantes, como as criancinhas do jardim da infância do grande educandário dos mundos de matéria?

Seríeis capazes de trucidar crianças pequeninas para

atender a um prazer de matar, somente porque não podem defender-se? Pois o mesmo espanto e horror que essa ideia vos causa toma os espíritos superiores quando estes assistem à carnificina diária que se comete na superfície do planeta para com os irmãos menores do homem — os animais.

Olhai o fundo de seus olhos mansos, sem a arrogância dos fortes e a indiferença dos egoístas, e vereis ali cintilando o reflexo de uma alma divina, filha do Criador que também é o Criador da vossa; lereis o apelo silencioso dessas vidas que tateiam nos labirintos da consciência como criancinhas aprendendo a andar, a vos dizer: "Deixa-me viver para aprender a ser um dia como tu, que já foste outrora como eu".

Não, espíritas, não devia caber a vós, jamais, o triste papel de verdugos dessas vidas inocentes. Que outros, desconhecendo ainda o laço divino que une todas as criaturas matriculadas pelo Supremo Ser na escola da Vida, provindas de seu mesmo hálito criador, patrocinem indiferentes e de coração gélido a matança desses irmãos menores, para o nocivo consumo humano, tem pelo menos a triste lógica do egocentrismo: "Nada temos a ver com eles".

Mas o espírita, que conhece o panorama esplendoroso que lhe foi descortinado com a Lei Evolutiva, e sabe (ou deve saber) que todas as formas de vida representam classes onde se matriculam as almas insipientes na escalada da perfeição, atrás de que desculpa se poderia esconder para dizer: "Não te reconheço como irmão, mas tão somente como presa"?

Meus irmãos, a vossa consciência não pode mais dormitar nos velhos conceitos herdados da barbárie planetária, ou não podereis vos agasalhar no manto da lei do progresso, que cobra atitudes urgentes em vosso mundo, à beira da falência moral e material.

A escravidão, a tortura, a discriminação, a guerra, a lei do mais forte, o genocídio em nome da divindade também já foram considerados — e ainda o são, tristemente, em alguns redutos do planeta — códigos legítimos de conduta. Hoje, entretanto, vossas consciências sensibilizadas repudiam com horror o que no ontem vos parecia perfeitamente aceitável (enquanto não era feito convosco, evidentemente).

Por que insistir então em continuar vos regendo pela velha lei do hábito, que aceita sem refletir os comportamentos impostos pelo egoísmo e a conveniência de alguns, sem avaliar atitudes à luz dos códigos superiores que já tendes a ventura de conhecer?

O espiritismo não foi legado pelo Alto à humanidade para perpetuar a tirania dos hábitos atrasados e nocivos que grampeiam a criatura, indefinidamente, à roda triste das reencarnações que se arrastam entre a doença, o sofrimento e a miséria moral da humanidade.

O espírita, para fazer jus à elevada condição de seguidor dessa doutrina libertadora de consciências, precisa ser o vanguardeiro de todos os valores mais nobres do planeta. Deve ser o primeiro, e não o último, a adotar os princípios éticos e os códigos de conduta mais elevados.

É desairoso para vós que criaturas atéias e agnósticas, mas dotadas de nobres sentimentos (aliás, os únicos que significam passaportes válidos para a espiritualidade superior), demonstrem maior compaixão e sensibilidade para com as espécies animais do planeta, enquanto os cultores da Lei da Evolução sentem à mesa para se banquetear com os cadáveres sofridos daqueles que *sabem* constituírem os seus irmãos menores na escala evolutiva.

Que sentido têm os vossos apelos à misericórdia dos seres superiores, se os apelos silenciosos daqueles que rotulais de "inferiores" não encontram guarida em vossos corações, cerrados à compaixão e ao respeito? Acaso tendes a ingenuidade de supor que a Divindade Suprema descuida de gerir o mundo que criou, e que os gemidos de dor de seus filhos mais indefesos não compareçam ao tribunal da vida planetária, testemunhando contra a espécie humana e sua crueldade?

Inútceis serão os vossos apelos de paz, enquanto os cadáveres sangrentos de vossos irmãos menores quotidianamente atestarem que sois os mandantes da mais sanguinária das guerras, e a mais cruel, porque deflagrada contra indefesos sem o socorro da razão, por motivos fúteis, e tão somente em nome de um discutível prazer do paladar. Jamais desfrutareis da paz sonhada para o planeta enquanto ele permanecer encharcado do sangue inocente daqueles que o Pai vos enviou para cuidar e proteger. Só uma divindade injusta e cruel aceitaria conceder a bênção a uns em troca do holocausto de outros. Ou será que ainda embalais a ilusão de que sois a única espécie merecedora do céu?

Espíritos lúcidos de todas as épocas já vos deram o exemplo de existências de sabedoria e equilíbrio, saúde e nobreza, distantes da ingestão de corpos animais. Sábios médicos e nutricionistas conscientes já vos têm apontado o caminho da saúde e da libertação de um cortejo de males através da alimentação vegetariana, padroeira maior do equilíbrio e do bem-estar físico e psíquico do ser humano. Generosos batalhadores da causa animal, vanguardistas de uma nova consciência planetária fundamentada no respeito e amor incondicional a todas as vidas, estão passando à frente dos espíritas, adotando um modo de viver condizente com os postulados da Lei Evolutiva — espinha dorsal da doutrina espírita.

E vós, meus irmãos? Que fazeis, sentados à mesa diante dos despojos sangrentos de vossos companheiros planetários, mortos cruelmente para obedecer a hábitos ancestrais repetidos sem avaliação? A quem pensais enganar nessa contemporização com um código ultrapassado de viver? À vossa consciência adormecida, aos espíritos dirigentes do planeta, ao Mestre a quem dizeis seguir, à Divindade que nos criou a todos iguais para a fraternidade, não para o exercício da lei da selva?

A ninguém mais deveis satisfação que à vossa consciência, em tudo que fizerdes; mas temei-a quando vos cobrar, sem apelação, a coerência que vos falta, entre os postulados de compaixão, renúncia e solidariedade de vossa doutrina, e o prazer mórbido que vos acorrenta a devorar vossos irmãos da escola terrestre.

O espírita deveria ser o primeiro, e não o último, a preservar a qualquer custo o equilíbrio planetário. Informai-vos bem para vos conscientizar de que a manutenção dos rebanhos para o consumo humano, além do espetáculo da crueldade e da indústria da doença que representam, são os patrocinadores da fome de milhões, da devastação e do desequilíbrio da natureza planetária. Ser um consumidor dos irmãos menores carreia ainda consigo a condição de depredador do planeta e conivente com a fome do mundo.

É um triste papel que não cabe, não deveria caber, aos seguidores da doutrina que veio para melhorar o mundo e auxiliar a redenção da humanidade, e não a sua infelicidade.

O hábito, o prazer e a fraqueza são as justificativas que sempre nos oferecemos ante a dificuldade de *mudar para melhor*. Elas não nos livram de sofrer as consequências do *pior* que cultivamos. Tampouco nos credenciam para dar os passos decisivos à nossa ascensão interior.

O sangue derramado das espécies animais, em proporção sempre crescente, está transformando o planeta num gigantesco matadouro ambulante, que orbita no sistema fazendo ecoar os gritos de dor dos milhões de seres sacrificados diariamente à gula e à ganância humanas.

Essa energia de terrível virulência, numa frequência vibratória abominável, veste de um manto sanguinolento o belo planeta azul que o Pai vos permitiu habitar. O seu diapasão mórbido contamina os planos invisíveis adjacentes à crosta, e fornece alimento vibratório não só para as almas tristes que vampirizam os encarnados invigilantes, como para a materialização de morbos psíquicos que eclodem na forma de vírus e bactérias estranhos, que se disseminam como enfermidades no plano físico. Eles deverão aumentar de virulência e intensidade em proporção a vossos abusos contra a vida. Não há criaturas privilegiadas dentro do Cosmo, e a toda ação segue--se uma reação; mas vós, justamente os que isso pregais, agis como se a afronta à lei do amor universal fosse passar desapercebida e sem consequências exclusivamente para vossa espécie.

Espíritas: o conhecimento acentua a responsabilidade. Vós, exatamente, sois os que não podeis alegar o desconhecimento da Lei Maior Evolutiva e de suas implicações. Não podeis negar vossa irmandade com as espécies animais, claramente demonstrada desde as origens da doutrina.

Quando o comportamento contradiz a crença da criatura, um dos dois deve ser mudado, a bem da verdade.

Que o Supremo Criador de todas as vidas vos clareie a

visão para vislumbrar os caminhos evolutivos que já percorrestes, vos proporcionando a coragem de identificar, no animal de hoje, o ser humano de amanhã, e no homem racional de hoje o irracional que inquestionavelmente foi, no ontem nem tão distante. E em consequência, vos ilumine para fazer a eles o que gostaríeis que vos tivessem feito quando éreis exatamente iguais.

Ramatís
Era uma Vez um Espírita
Introdução
Mariléa de Castro

O que dizem as obras da codificação espírita

O Espírito não chega a receber a iluminação divina, que lhe dá, simultaneamente com o livre arbítrio e a consciência, a noção de seus altos destinos, sem haver passado pela série divinamente fatal dos seres inferiores, entre os quais se elabora lentamente a obra de sua individualidade.

A Gênese – cap. VI

Então, emanam de um único princípio a inteligência do homem e a dos animais? Sem dúvida alguma, porém no homem passou por uma elaboração que a coloca acima da que existe no animal.

O Livro dos Espíritos

Desde que o princípio inteligente atinge o grau necessário para ser Espírito e entrar no período da humanização, já não guarda relação com o seu estado primitivo e já nao é a alma dos animais, como a árvore já não é a semente.

O Livro dos Espíritos

Já não dissemos que tudo na natureza se encadeia e tende para a unidade? Nesses seres, cuja totalidade estais longe de conhecer, é que o princípio inteligente se elabora, se individualiza pouco a pouco e se ensaia para a vida.

É assim que tudo serve, tudo se encadeia na natureza, do átomo até o arcanjo, que começou sendo átomo.

O Livro dos Espíritos

Embora isto fira o teu orgulho, o homem deve resignar-se a ver em seu corpo material o último elo da animalidade sobre a terra. O inexorável argumento dos fatos aí está, e será em vão levantar protestos contra tal situação. Nessa origem coisa alguma há de humilhante para o homem. Reconhecei a grandeza de Deus nessa admirável harmonia, mediante a qual tudo é solidário na natureza. Acreditar que Deus haja criado seres inteligentes sem futuro, seria blasfemar de Sua bondade.

A Gênese

Assim como a natureza angélica provém da humana, a humanidade provém da animalidade, e esta do reino vegetal, o qual tem origem no mundo mineral.

Revista Espírita, maio de 1870

Para fazer justiça a Deus, é necessário admitir que toda criatura viva possui direitos diante do criador, que o progresso lhe descortina um caminho sem limites, e que, partindo de mais abaixo que o homem, de tão longe que nossa visão não ousa alcançar, ela chegará tão alto quanto o espírito mais evoluído, nessa jornada para o infinito.

Revista Espírita, abril de 1870

A ORIGEM OCULTA DAS DOENÇAS
Ramatís / Hercílio Maes
120 páginas – ISBN 978-65-5727-020-2

Por trás dos quadros das moléstias que assolam a humanidade, permanece um elo comum que só pode ser entendido quando se integra ao ser humano adoecido o componente invisível originário de seu corpo físico: o espírito imortal, que pensa e sente – e, nesse processo, utiliza e condensa energias indestrutíveis que irão construir a saúde e a enfermidade de seus corpos.

Os veículos milenarmente conhecidos como corpo mental e corpo astral são os níveis de energia onde é preciso buscar a razão para a doença vir "de dentro para fora e de cima para baixo", como sibilinamente postulou Samuel Hahnemann, o genial mentor da Homeopatia.

Este livro é um excerto temático retirado da obra *Fisiologia da Alma*, ditado por Ramatís ao médium Hercílio Maes. Nele, Ramatís desvenda o mecanismo oculto que desencadeia, a partir dos corpos sutis do ser humano, as enfermidades do corpo físico. A origem e causa das moléstias, detida pelo conhecimento iniciático milenar, é transposta em linguagem acessível, com a peculiar profundidade e clareza, que nada deixam por explicar, dos textos de Ramatís.

Esse mecanismo oculto e automático da física transcendental, que preside aos processos orgânicos, é a chave para a compreensão definitiva do binômio saúde-enfermidade, e irá pautar os novos horizontes da Medicina do terceiro milênio, assim que as dimensões suprafísicas passarem a integrar o seu campo de pesquisa.

Integram este texto os capítulos que tratam da etiologia oculta, raízes cármicas, tratamento e cura do câncer, analisados desde sua verdadeira origem no "mundo oculto" das causas.

GEOGRAFIA DO MUNDO ASTRAL
Ramatís / Hercílio Maes
170 páginas – ISBN 978-65-5727-009-7

No vasto cenário desse plano onde seremos levados a habitar depois do limiar do túmulo, existem ângulos inumeráveis que ainda não foram descritos na literatura mediúnica. Na sua extensa geografia, assim como no plano material, há comunidades, formas de viver, estruturas coletivas, ambientes e formas vivas esperando virem a ser notícia no mundo da matéria.

Atanagildo, discípulo de Ramatís – e com a permanente inspiração deste –, ditou ao sensitivo Hercílio Maes detalhados aspectos do panorama astral, incluindo variados tipos de comunidades, com seus costumes – alguns antiquados –, o processo de fundação de colônias astrais, raças e nacionalismos nessas colônias, e migrações entre elas. Ilustrando o processo criador das mentes do Astral superior, relata a atuação de espíritos angelicais produzindo, em instantes, uma forma de singular beleza cromoterápica num chafariz de sua comunidade.

Depois estende o olhar sobre as regiões do Astral inferior, com suas cidades, habitantes e edificações, e as organizações integradas por espíritos das sombras. E então, num tema de absoluto ineditismo, até hoje, na literatura mediúnica, descreve em minúcias aves e animais que habitam os cenários sombrios do Astral mais denso! E oferece arejadas elucidações sobre o diabo e a sede do seu reinado... Tudo para familiarizar os espíritos desejosos de informações com essa geografia ainda pouco devassada à qual iremos todos, com maior ou menor prazo, pertencer um dia.

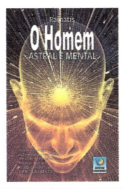

O HOMEM ASTRAL E MENTAL
Ramatís / Hercílio Maes
124 páginas – ISBN 978-65-5727-063-9

Hoje é de conhecimento geral que o "períspirito" kardequiano inclui, além do duplo-etérico humano, dois veículos distintos: os corpos astral e mental. Corpos autônomos e que correspondem ao que podemos designar como o homem que sente e o homem que pensa.

Esta compilação de textos de Ramatís e Atanagildo, de diversas obras, decompõe a intimidade desses dois corpos, detalhando faculdades, poderes e funcionamento de um e outro, com o diferencial de nos trazerem o olhar e a experiência de habitantes do Invisível.

Atanagildo, na condição de espírito desencarnado, compartilha suas sensações e vivências com o corpo astral, seus órgãos, o extraordinário novo sentido da vista astral, a faculdade de volitação e os recursos utilizados no mundo astral para tratar os corpos dos recém-chegados, e narra suas experiências de treinamento para tornar-se um "espírito criador" no Invisível. Ressalta de sua narração o imperativo de desenvolvimento dos poderes mentais ainda enquanto estivermos no corpo físico.

Ramatís, como sempre facultando-nos o conhecimento de aspectos ocultos da vida e do ser, desvenda alguns mecanismos singulares que operam nos corpos astral e mental, pela ação do pensamento e das emoções, alterando as formas astrais e refletindo-se no físico. Examina os diversos níveis da mente, e as produções do corpo mental conhecidas por ondas mentais e formas de pensamento, traduzindo a expressão das diversas cores que são produzidas nos corpos internos pela ação humana de pensar e sentir. Complementa-se sua exposição com o extraordinário capítulo intitulado "Enfeitiçamento mental", em que expõe com clareza a produção e os efeitos da ação nefasta do pensamento orientado pelo sentimento inferior.

São mensagens de extrema oportunidade e vitais para a Era do Mentalismo que se aproxima.

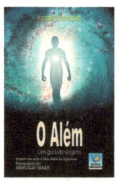

O ALÉM: UM GUIA DE VIAGEM
Ramatís / Hercílio Maes
170 páginas – ISBN 978-65-5727-051-6

Se a Grande Viagem é inevitável, e faz parte do multimilenar processo de ir-e-vir pelo qual todos periodicamente transitamos, nada melhor do que viajarmos informados sobre os detalhes do embarque e da chegada, e de como é possível preparar uma estadia melhor nos alojamentos do Grande Além para onde um dia seremos transferidos.

Ramatís traz, nesta obra, o depoimento de um viajante de origem próxima a nós, um discípulo dele desencarnado no Brasil no século XX – Atanagildo –, cujo relato de vida, embarque e desembarque no plano astral compõem um guia de singular interesse e utilidade para nós, futuros passageiros da mesma rota.

Além do processo do desencarne e de inúmeros aspectos do plano astral, Atanagildo descreve em minúcias a comunidade astralina do Grande Coração, onde se situa, e nos previne sobre os aspectos críticos da desencarnação e da eutanásia, essa tentativa perigosa de *furar a fila* da própria programação cármica e embarcar antes da hora.

Há mais de 60 anos uma das obras mais procuradas de Ramatís, *A Vida além da Sepultura* se oferece agora neste volume temático com os textos originais, enfocando especificamente a grande viagem e o território do Além que nos aguardam – um guia prático para os viajantes que seremos todos, um dia, no retorno feliz ao verdadeiro destino do espírito.

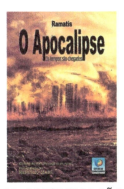

O APOCALIPSE: OS TEMPOS SÃO CHEGADOS
Ramatís / Hercílio Maes
164 páginas – ISBN 978-65-5727-031-8

O projeto dos Poderes Maiores para a Terra incluiu, desde sempre, a seleção de almas e a consequente promoção do planeta, num processo que já se desencadeou no mundo oculto desde 1950, conhecido como Transição Planetária.

Profetas do Velho Testamento, João Evangelista com o Apocalipse, Nostradamus, Edgar Cayce e outros videntes – mas sobretudo o próprio Jesus –, já delinearam os eventos dramáticos necessários à transformação.

Somente Ramatís, porém, em sua obra vanguardista, explicou em detalhes todos os eventos velados nos textos proféticos, e o simbolismo das imagens do Apocalipse que vêm intrigando a humanidade. Como podemos saber se "os tempos são chegados"; o que significa realmente a imagem da Besta; o que é, e qual a finalidade do astro intruso, já apontado por Nostradamus; como o eixo terrestre vai se verticalizar; em que consiste e como vai se processar a seleção dos terrícolas; como se constituirá a nova civilização do terceiro milênio. Com sua peculiar clareza e profundidade, Mestre Ramatís nada deixa por explicar, e ainda previu em seu texto, pouco antes de 1950 e quando ninguém cogitava disso, eventos como o aquecimento global e o degelo dos polos, cujas consequências elucida.

É ele ainda que explica por que razão todos os eventos catastróficos programados não se desencadearam até o final do século XX.

Esses e outros temas de vital importância para a humanidade são o foco desta obra, que traz todas as principais elucidações de Ramatís sobre a Transição Planetária, e constitui o mais completo roteiro para sua compreensão, de absoluta urgência neste momento.

O CARMA
Ramatís / Hercílio Maes
152 páginas – ISBN 978-65-5727-067-7

Nenhum acaso rege o destino das coisas; é a Lei do Carma que tudo coordena, ajusta e opera, intervindo tanto nos fenômenos sutis do mundo microscópico, como na vastidão imensurável do macrocosmo, passando pelas humanidades. Ela tem por único objetivo dirigir o aperfeiçoamento incessante de todas as coisas e seres, dentro da harmonia da Criação.

Ramatís, nos textos desta obra, vai além da conceituação corrente do carma e descerra a amplitude cósmica da Lei Universal que tudo rege, inclusive os nossos destinos, servindo-se dos mecanismos de causa e efeito não para punir, mas para reajustar.

Com sua profundidade peculiar, analisa o processo de criação do carma na intimidade dos corpos invisíveis do ser humano, os carmas coletivos, e variadas facetas das relações cármicas entre pais e filhos. De acordo com sua característica de não se ater ao "já sabido", desvenda a atuação oculta dos guias dentro da programação cármica de seus protegidos, quando necessário, e os recursos singulares utilizados para burilar espíritos contaminados, entre outros, pelo sectarismo ou pela arrogância egocêntrica. E ao detalhar o leque de consequências cármicas resultantes do suicídio, em várias modalidades, explica como se resolvem nos variados quadros patológicos congênitos as lesões do perispírito oriundas desse gesto.

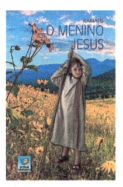

DO ÁTOMO AO ARCANJO
Ramatís / Hercílio Maes
132 páginas – ISBN 978-65-5727-014-1

A mecânica evolutiva da Criação foi desvendada a Kardec – dois anos antes de Darwin! – pelos espíritos, com a genial declaração: "do átomo ao arcanjo, que começou sendo átomo". Mas... e entre o átomo e o arcanjo? Onde se encontram os degraus intermediários dessa escalada do zero ao infinito?

Com Ramatís, os degraus dessa simbólica "escada de Jacó" da imagem bíblica se povoaram, nos textos recebidos por vários médiuns e em diversas obras. Dos arcanjos (ou logos galácticos, solares e planetários) aos anjos e devas, dos espíritos da natureza aos animais – sem deixar de definir a posição de Jesus de Nazaré, anjo planetário da Terra, devidamente distinguida daquela do Cristo, nosso Logos.

Para que a humanidade possa ingressar de fato no patamar de consciência da Nova Era, esse conhecimento mais amplo da hierarquia e funcionamento do Cosmo se faz imprescindível, a fim de nos situar com maior amplitude no panorama do Universo o para o contato com nossos irmãos siderais, que se aproxima.

Este volume representa a condensação de conhecimentos iniciáticos milenares com que Ramatís abriu, para a mente ocidental, uma janela panorâmica sobre a estrutura e funcionamento do Cosmo, complementando a imorredoura revelação da Espiritualidade datada de um século e meio atrás.

MARTE: O FUTURO DA TERRA
Ramatís / Hercílio Maes
176 páginas – ISBN 978-65-5727-015-8

O planeta Marte não é apenas nosso vizinho próximo do Sistema: na escala sideral dos mundos é, no dizer de Ramatís, "o degrau superior ao da Terra, ao qual, por lei ascensional, tereis que chegar; é conveniente que vos prepareis, desde já, para esse desiderato infalível".

Se esse é nosso modelo futuro de civilização, urge conhecê-lo e nos direcionar para ele. Não por acaso foi *A Vida no Planeta Marte e os Discos Voadores* a primeira obra ditada por Ramatís, em 1949, ao sensitivo Hercílio Maes. Ali estão, com profusão de detalhes, todas as facetas da civilização marciana, nos sinalizando um roteiro.

Neste volume, o objetivo é oferecer um perfil focalizado do modelo marciano, com a constituição da sociedade, o governo, a estrutura social e econômica, que são o eixo basilar desse mundo feliz, a par de aspectos como a família, a educação, a religião e outros que nos permitam antever como poderemos construir e desfrutar de um mundo mais justo, harmonioso e apto a ingressar na comunidade dos planetas regenerados do Universo. Um pequeno manual da sociedade futura que nos cabe preparar-nos para construir, na sequência desta, que está vivendo suas últimas etapas. É urgente contarmos com um projeto, um ideal possível.

É a proposta deste pequeno manual.

DO ÁTOMO AO ARCANJO
foi confeccionado em impressão digital, em julho de 2025
Conhecimento Editorial Ltda
(19) 3451-5440 — conhecimento@edconhecimento.com.br
Impresso em Luxcream 80g